Yeso Amalfi

O futebolista brasileiro que conquistou o mundo

2009

São Paulo

Editor: Fabio Humberg
Assistente editorial: Cristina Bragato
Capa e Projeto gráfico: João Carlos Porto
Fotos das capas: Folha Imagem (Yeso Amalfi no campo do Red Star)
Revisão: Humberto Grenes e Alberto Uribe

Apoio a esta edição: Paulo de Barros Carvalho

```
Dados Internacionais de Catalogação na Publicação (CIP)
         (Câmara Brasileira do Livro, SP, Brasil)

   Amalfi, Yeso
        Yeso Amalfi, o futebolista brasileiro que
   conquistou o mundo / Yeso Amalfi. — São Paulo :
   Editora CLA, 2009.


        ISBN 978-85-85454-04-0


        1. Amalfi, Yeso, 1927- 2. Jogadores de futebol -
   Autobiografia I. Título.




   09-11748                                  CDD-927.96334
```
         Índices para catálogo sistemático:
      1. Jogadores de futebol : Autobiografia
                    927.96334

Grafia Atualizada segundo o Acordo Ortográfico da Língua Portuguese de 1990, que entrou em vigor no Brasil em 1º de janeiro de 2009.

Todos os direitos reservados
Editora CLA Cultural Ltda.
Rua Coronel Jaime Americano 30 – salas 12
05351-060 – São Paulo – SP
Tel/fax: (11) 3766-9015   e-mail: editoracla@editoracla.com.br

DEDICATÓRIA

"Meu Deus de todas as horas, boas e ruins, seja testemunha deste despretensioso relato da história de minha vida. As confissões que faço neste livro são confissões de quem amou, com sorrisos e ternura, tudo o que a vida tem de belo e puro, de quem sentiu com amargura e estoicismo tudo o que ela tem de mal."

ÍNDICE

Prefácio: "Le Dieu du State" (por Luiz Carlos Barreto)	9
Cronologia	11
Introdução	13
Capítulo I	15
A FAMÍLIA	15
Capítulo II	17
A MINHA INFÂNCIA	17
Capítulo III	21
NO MUNDO DO FUTEBOL	21
Capítulo IV	27
ANDARILHOS DO FUTEBOL	27
Capítulo V	33
ARGENTINA	33
Capítulo VI	39
URUGUAI	39
Capítulo VII	43
A VIAGEM À EUROPA	43
Capítulo VIII	47
FRANÇA – COSTA AZUL	47
Capítulo IX	73
ITÁLIA	73
Capítulo X	77
PRINCIPADO DE MÔNACO	77
Capítulo XI	83
PARIS, A CIDADE LUZ	83
Capítulo XII	113
RETORNO AO BRASIL	113
Epílogo	115
Artigo: Redescobrindo Yeso Amalfi (por José Silveira)	117
Coletânea de Imagens	119

PREFÁCIO

"Le Dieu du State" (O Deus do Estádio)

Com este título em manchete na última página do seu caderno principal, o jornal parisiense France Soir *publicou numa segunda-feira do mês de abril de 1954 um artigo do célebre poeta, dramaturgo e cineasta Jean Cocteau, que no dia anterior, domingo, tinha ido pela primeira vez assistir a uma partida de futebol.*

Naquela tarde de uma primavera luminosa, Jean Cocteau viu desfilar, sobre o tapete de grama verde do Parc des Princes, Yeso Amalfi, um jovem e fogoso jogador brasileiro que a cada domingo reinava diante de plateias enfeitiçadas pelo seu futebol mágico.

Amalfí, ou Yesô, como os franceses o chamavam, mantinha em campo uma postura de um toureiro e às vezes de um bailarino, executando dribles em passadas largas, esquivando-se das botinadas grotescas dos adversários.

Envergando o bonito uniforme azul e branco do Racing Club de Paris, destacava-se de todos os demais jogadores pelo seu tipo moreno, cabelos ondulados, estilo latin lover, *do alto de seu um metro e oitenta e dois: soberbo e soberano, reinava no estádio e nas ruas de Paris. Tornou-se uma celebridade de primeira grandeza ao ser consagrado por Jean Cocteau como uma divindade – Le Dieu du Stade.*

Às segundas-feiras gostava de se vestir com elegantes ternos italianos e descer o Champs Elysées, vindo lá das bandas da Avenue des Thernes, onde fazia ponto num típico café (botequim) parisiense, Le Vizir. Seu passeio tinha muito de um ritual de uma realeza que cobra e exige de seus súditos veneração e respeito.

A promenade *de Yeso terminava sempre no elegante restaurante Val d'Izer, onde ocupava uma mesa cativa, na companhia das mais bonitas e famosas manequins de Paris.*

Essas segundas-feiras de folga sempre terminavam nas noites alegres de Montparnasse, no Club Tagada, uma boate noturna que nesses dias só era frequentada por celebridades.

Das terças-feiras aos sábados, Yeso se entregava disciplinadamente aos seus treinamentos e preparativos para nos domingos, fossem de primavera, verão, outono ou inverno, voltar a brilhar e a encantar os torcedores do Racing, e até mesmo dos torcedores adversários que não resistiam à beleza e ao feitiço do futebol mágico de Yesô, Le Dieu du Stade.

Luiz Carlos Barreto

Cronologia

A Carreira de Yeso Amalfi

1943-1948:   São Paulo Futebol Clube (Brasil)

1948-1949:   Boca Juniors (Argentina)

1949-1950:   Peñarol (Uruguai)

1950-1951:   Olympique Nice (França)

1951:   Torino (Itália)

1952:   A.S. Monaco (Mônaco)

1952-1956:   Racing Club de Paris (França)

1956:   Red Star de Paris (França)

1957-1959:   Olympique de Marseille (França)

INTRODUÇÃO

Como futebolista, passei a minha escova um pouco pelo universo. Fui aplaudido e vaiado em quase todos os campos de futebol, em especial nas Américas, Europa e África. Cotizei jogadores e outras personagens de todos os tipos e, no meio dessa flora e fauna internacional da bola, vi coisas de todas as cores. Não me esquecerei de que não estive só, e sim com Deus, para que não me faltasse nem memória, nem propósitos, procurando colocar, em tudo aquilo que vou contar, um pouco de fantasia, a fim de proporcionar a todos um récito tão cativante como pitoresco. Tudo que está escrito neste livro é verdadeiro, sem farsas e sem rodeios. Não sou literato, decorador de textos ou muito menos pesquisador, sou apenas um contador de histórias verdadeiras, as quais tive a felicidade de viver. De fato, vi coisas incríveis nesta minha caminhada através do mundo, mas contá-las com perfeito humor? Não posso garantir. Porém, tudo será dito com sinceridade absoluta, mesmo nas mais delicadas revelações. Daí me considerar responsável por estas histórias. Se essa preocupação de exatidão possivelmente vem acompanhada algumas vezes de um senso de fantasia, tanto melhor para todos!

Um dos maiores jornalistas esportivos da França, Gabriel Hanot, escreveu no famoso jornal esportivo de Paris, *L'Equipe*, que: "Yeso Amalfi exerca um poder de atração extraordinário sobre o público. Era a grande vedete do esporte no verdadeiro senso da palavra, um futebolista de grande talento cujos menores fatos e gestos não passariam jamais despercebidos. A carreira de Yeso Amalfi foi uma das mais ricas que conheci".

– Mas, de fato, o que eu era como jogador de futebol?
– O que pretendiam alguns jornalistas para definir a minha personalidade?
– Seria eu um fantasma verdadeiramente, como pretendiam alguns, ou um tenebroso como muitos afirmavam?
– Como era exatamente minha maneira de jogar?
– Seria eu, Amalfi, artista genial do futebol?

Sendo assim, não poderei fugir à realidade, e vou contar-lhes a minha história e as minhas estórias.

Eu sabia que os jornalistas jamais estiveram de acordo entre eles, sobre qualquer sujeito, e sendo assim não seria eu, Yeso Amalfi, quem iria mudar alguma coisa. Então, para contentar gregos e troianos, vamos admitir simplesmente que eu tenha sido um fantasista tenebroso... um Salvador Dalí, um cômico triste, uma espécie de Buster Keaton do futebol, um Arlequim de Picasso. Ou bem, Yeso o enganador, o palhaço, cujo talento era limitado por alguns repentes. Seria eu no meu trabalho aquele que fazia verdadeiramente o que podia, ou de vez em quanto se burlava de seu trabalho fazendo-se odiar por todos? Para mim, eu era como um futebolista brasileiro, um puro-sangue do futebol. Algumas vezes soberano autêntico, passeando para distrair a melancolia. O tudo que poderia dizer, transformava-se num pouco maciço: ... campeão ou fantasma, segundo o humor de minha alma brasileira, segundo o passeio da lua no céu, segundo as figurações desses feiticeiros do samba e da macumba, que pareciam benzer as entranhas do campo de futebol. Eu poderia ter sido o eclipse criado pelo Deus futebol; mitos de viradas e cambalhotas, de derivações improvisadas, de alegrias e tristezas, de loucas contradições, de insondáveis caprichos. Me perdoem se esta definição é repleta de metáforas, mas também é cravada de verdades.

Verdade seja dita. Fui um rebelde, temperamental, indisciplinado, porém jamais falso e maldoso. Ninguém me compreendia, a não ser meus pais, os quais sempre me apoiaram, nos meus gestos, nas minhas ações, nas minhas palavras.

Capítulo I

A FAMÍLIA

Nas memórias das famílias Noce e Cardoso Amalfi, escritas pelo meu tio materno Salvador Noce, advogado de grande prestígio na época, meu padrinho de batismo e grande amigo de meu pai (seu futuro cunhado), ele afirmara que Caetano Noce, seu pai, portanto meu avô materno, provinha de um trisavô oficial do exército francês, investido no comando das Forças Urleânicas, no tempo de Dom Carlos de Nápoles e das Duas Sicílias. A sua mãe, minha avó Almerinta Selvaggi, era originária de família nobre e culta, com notáveis poetas e escritores, e sua família aparentava com as do conde Valentone e com o cardeal-príncipe Granito Del Monte.

Meu avô Caetano estudara para se tornar padre no seminário de São Marco Augustiano. Na época, os filhos das famílias de alta hierarquia seguiam carreira eclesiástica ou militar. Infelizmente, meu avô Caetano abandonou o seminário devido à morte súbita de seu pai. Por ser o filho mais velho, foi obrigado a tomar a direção dos negócios da família. Moço inteligente e de muita visão, deu tranquilidade à família aumentando os lucros dos negócios deixados pelo pai. Aos dezenove anos casou-se com minha avó, a qual contava com apenas quinze anos de idade. O pai de minha avó materna, barão Carlos Selvaggi, jamais se conformara com este casamento por meu avô não ser nobre, daí a mudança repentina para Buenos Aires, onde possuíam vários parentes, inclusive por parte de minha avó.

De acordo com os álbuns de família, minha avó, além de nobre, era lindíssima e meu avô, alto, forte e com muita personalidade, formando um par bonito e elegante. O tio de minha avó, dom Carlos, era monge e professor de latim, grego e teologia, tendo seu nome gravado num monumento na praça principal de Cosenza, na Província de San Marco. Faleceu de tuberculose aos vinte e três anos, deixando vários poemas, entre eles o *Anacoreta*, muito elogiado por Dannunzio.

O nome Amalfi é o sobrenome do meu pai e minha origem paterna vem da cidade de Amalfi, na costa meridional da Península de Sorrento. Atualmente Amalfi é uma cidade turística, praticamente em todas as estações do ano. Possui alguns cultivos de vinhedos e frutas, mas sua especialidade é a fabricação de redes de pesca. Foi fundada pelos romanos no século IV. Possui tradições históricas e, durante o século X, foi predominantemente comercial, com intenso tráfego marítimo, entre a Itália e o Oriente, originando a fundação de várias colônias e bancos, o que se estendeu aos principais portos do Mediterrâneo. Depois de várias controvérsias, anexou-se a Nápoles no século XVI. Foi governada por duques, entre eles o duque de Amalfi, daí meu nome de família, o que dou fé com todos os direitos, tendo confirmado com meus próprios olhos, nas inúmeras viagens que fiz a Amalfi, assim como a Cosenza.

Cardoso é o sobrenome de minha avó paterna, brasileira, filha de portugueses, nascida na cidade de Bragança Paulista, que, juntamente com seu pai, herdou enorme gleba de terras entre Itatiba e Amparo, fundando a cidade de Morungaba.

Sendo assim, por força do destino, a família Cardoso Amalfi e a família Noce se encontraram na Bela Vista, em São Paulo. Portanto, sou legitimamente Yeso Noce Cardoso Amalfi.

Capítulo II

A MINHA INFÂNCIA

Nasci na cidade de São Paulo – Capital, na Rua Treze de Maio número 60, bairro da Bela Vista (*Bexiga*). Nutro pelo bairro grande estima e especial devoção. Foi nele que passei os melhores anos de minha infância. Porém, fui batizado na igreja São João do Brás. Quando me levaram à pia batismal, o cônego Ladeira, cura da paróquia de então, perguntara aos padrinhos pelo meu nome.

– Yeso – responderam-lhe.

– Muito bem! – acrescentara o cônego. – Yeso também é Jeso, um homônimo de Jesus, e certamente terá sua proteção.

Assim, mais um cristão atravessava as portas do mundo com destino marcado sob o doce olhar do Mestre. Descendo as escadarias do templo envolto na luminosa túnica espiritual do Nazareno, eu me defini na Espécie Humana, na Pátria, na Religião, na Família, como sendo Yeso Noce Cardoso Amalfi. Aureolado nesta segunda condição por força de minha descendência dos Noce e Cardoso Amalfi, eu me senti física e moralmente fortalecido para trilhar os ímpios e penosos caminhos da vida. Para mim Noce e Cardoso Amalfi eram séculos e séculos de Tradição e Fé, Amor e Sangue. Atirei-me à luta, de passos firmes e viseira erguida.

À medida que eu crescia, meus olhos que viam claros, disfarçadamente azulados, como precisara o cônego Ladeira ao ministrar o sacramento do meu batismo, tornaram-se negros como a noite, dando a impressão de que teriam sido fundidos numa fornalha, segurando a luz que deveria iluminar os caminhos de minha vida. Entretanto, eles os iluminaram, e certamente ainda hão de os iluminar. Nessa idade em que tudo é incerto e duvidoso, deram-me um par de calções de seda azul e uma bola de futebol, assaz grande para minha idade, promovendo-me assim às condições de gente, com calções e a bola como se fosse meu único mundo circunscrito à Rua Treze de Maio, bem defronte à minha casa.

Logo pela manhã engolia o café com leite, sei lá quente ou frio, doce ou amargo, e *bumba pra rua*! A turma já estava à minha espera. As equipes eram formadas no par-ou-ímpar, e assim iniciávamos o jogo, e bola pra frente! Até o momento em que minha mãe me chamava para tomar banho, almoçar e ir para a escola. Devidamente uniformizado e lanchado, ela levava-me ao jardim de infância na Praça da República. Aos sábados e domingos, de acordo com o mando de jogo do São Paulo Futebol Clube, acompanhava meu pai, que, além de tricolor fanático, era primo-irmão do presidente do clube, Manoel do Carmo Meca (um dos fundadores do clube). Portanto, quero deixar bem claro que não sou um estranho no ninho, faço parte da história do clube com muito orgulho.

Meu pai, Alcides Cardoso Amalfi, jornalista, poeta e farmacêutico, nunca interferiu na minha vida, porque sabia que eu não tinha vícios, era campeão em fazer amizades e ajudar os mais necessitados. Meu pai foi um homem muito culto e inteligente, desprendido e caridoso. Durante muitos anos foi proprietário de farmácias na Capital de São Paulo e no interior do Estado. Dava medicamentos aos pobres e os atendia com muito respeito. Apesar de seu espírito franciscano, era valente e decidido, não admitindo falsidade, inveja, calúnia e falcatruas.

A família de minha mãe era muito unida e todos tinham diploma de curso superior. Depois de viver alguns anos na Bela Vista, mudamos para a Mooca, onde meu pai se estabeleceu com uma fábrica de óleo de rícino e outros derivados, abandonando por completo o ramo farmacêutico. A fábrica foi construída no alto da Mooca, num terreno de 10 mil metros quadrados. O início foi promissor e tinha tudo para dar certo, e foi por essa razão que meu pai procurou uma agência de seguros para firmar um contrato contra incêndios. Por incrível que pareça, por força do destino, naquela mesma noite em que o contrato deveria ser firmado meu pai adiou o compromisso para o dia seguinte, e nesse meio tempo um fortíssimo curto-circuito provocou um enorme incêndio sem condições de defesa. Tudo que meu pai possuía fora investido na empresa e, sem condições financeiras para pagar os credores e reconstruí-la, meu pai foi à falência.

Após esse terrível acidente, minha tia Yolanda, irmã de minha mãe, e seu marido, meu tio Dante, convidaram meus pais para acompanhá-los na formação de uma fazenda nos confins da Noroeste, entre as pequenas cidades de Alto Pimenta (hoje Bento de Abreu) e Valparaíso. Sem outra alternativa, partimos para a grande aventura.

Por questões de estudos e finanças, minha única irmã, de nome Egle, foi obrigada a permanecer em São Paulo, com a família de minha mãe, que morava na Avenida Brasil 1.640, no bairro do Jardim América. Nessas condições, permaneci seis anos sem ver minha única irmã e os demais familiares. Os únicos meios de comunicação na época eram cartas e telegramas. Para telefonar era preciso marcar hora e dia com antecedência.

Quando terminei o grupo escolar em Bento de Abreu, fui para o colégio interno de São Francisco, em Penápolis. Por questões disciplinares fui morar na casa de dona Adelia Define, esposa do dr. Define, um dos médicos mais famosos da Noroeste na época. Mais tarde fui transferido para o Colégio Diocesano de Lins, dirigido pelo famoso educador padre Nunes. Desde Bento de Abreu, Valparaíso, Guararapes, Araçatuba, Birigui, Penápolis, Lins e outras cidades da Noroeste, comecei a ficar famoso no atletismo, e no futebol em particular. Essas cidades foram partes integrantes de minha vida, onde deixei um círculo de amizades inesquecíveis. Durante toda a vida, caminhando pelo mundo, jamais pude esquecê-los.

Meu pai tornou-se um fazendeiro de primeira linha, mas nas horas vagas exercia a profissão de farmacêutico, prestando serviço aos camponeses em pleno sertão. A fama de meu pai corria leve e solta, devido aos serviços humanitários prestados aos colonos que batalhavam na roça. As doenças mais constantes eram tracoma, maleita, conjuntivite, amarelão, sem contar as picadas de cobra e alguns casos de parto. Na época, vez ou outra meu pai se dirigia a Bento de Abreu até a farmácia do João Ernestino para comprar medicamentos para os colonos, pois havia montado um pequeno ambulatório de emergência.

Nós vivíamos felizes, mas as saudades de minha irmã e da família tornavam incompleta a nossa felicidade. Num certo domingo à tarde, fui com meu pai a Bento de Abreu a pedido do João Ernestino, o qual, para nossa surpresa, ofereceu a sociedade da farmácia ao meu pai, porque deveria retornar a Rio Preto definitivamente, devido a assuntos familiares. Meu pai aceitou a oferta de imediato e, com o decorrer do tempo, comprou a outra parte do João, tornando-se o único proprietário. E foi nessas circunstâncias que meu pai retornou à sua antiga profissão. Em pouco tempo tornou-se um dos homens mais queridos e respeitáveis da região.

A cada momento que passava, nossa situação se tornava mais propícia em todos os setores. Minha mãe viajou para São Paulo em visita aos seus familiares e aproveitou para trazer minha irmã de volta, matriculando-a no Ginásio do Estado de Araçatuba. A felicidade na minha casa se completou quando meu pai nos reuniu num jantar e nos comunicou que havia saldado todas as nossas dívidas com os credores, limpando de vez o nome da família Amalfi.

Depois de algum tempo de felicidade em companhia de amigos e familiares, retornei a São Paulo, a fim de continuar meus estudos no Liceu Rio Branco e mais tarde no Mackenzie.

Capítulo III

NO MUNDO DO FUTEBOL

Comecei a jogar futebol no Éden Liberdade, soterrado atualmente pelo progresso. O Éden era um time famoso na várzea de São Paulo e praticamente invencível. Os adversários que iam enfrentá-lo no "buracão" do Éden já sabiam que era difícil vencê-lo. Provavelmente, se continuasse existindo, o futebol brasileiro poderia estar melhor. Na mesma situação do Éden, naquela época fastidiosa, sobreviviam outros clubes da várzea, como o Jaceguai da Bela Vista, São Geraldo da Barra Funda – este um time formado pela raça negra, sem preconceitos, com muita paz, amizade e respeito. O São Geraldo era um grande time, assim como o Esporte Clube Humberto Primo, da Vila Mariana, e muitos outros clubes de respeito.

Muita gente nos antigos bairros do Bexiga e da Liberdade reservava o sábado ou domingo para ver o Éden jogar. Dava gosto. O campo ficava cheio de torcedores, muitos vinham de longe. Até o vestiário se enchia de curiosos e de alguns diretores de clubes profissionais. Todo mundo queria ver o ritual com Leopoldo, Bauer, Hélio Silveira, Nuno, Jubinha, Zamora, Yeso Amalfi, ao se prepararem para entrar em campo. Nós muitas vezes ganhávamos os jogos no vestiário, organizando as principais jogadas, porque conseguíamos informações preciosas a respeito de nossos adversários.

Foi num desses sábados que o general Porfirio da Paz tomou uma decisão importante: depois de ver mais uma vitoria do Éden, levou quase todo o time para o São Paulo F.C. O general estava certo, porque durante muitos anos consecutivos esses garotos foram campeões das categorias Juvenil, Amador, Aspirantes e Profissionais. O "buracão" praticamente foi transferido para o Canindé. E foi assim, no Éden e no São Paulo F.C., que começou minha história no futebol.

Eu vesti a camisa do Éden quando tinha pouco mais de 14 anos, sempre a camisa número 8, na meia-direita, marcando gols, preparando as jogadas, driblando os adversários no meu próprio estilo, transformando-me num mito ou lenda para alguns jornalistas, em especial na França. Foram vinte anos de luta, de que poucos brasileiros têm conhecimento. Se Pelé foi considerado o melhor jogador de futebol de todos os tempos, eu fui o segundo brasileiro a conquistar a França depois de Santos Dumont, logo após a última Grande Guerra.

O futebol deu-me outros caminhos, porém não aqueles que minha família desejava. No Brasil, tive a honra de jogar ao lado de verdadeiros mestres, como Valdemar de Brito, Leonidas da Silva, Tim, Renga, Zarzur, Antonio Sastre, Ruy Campos, Remo, Noronha e uma infinidade de jogadores de grande categoria. Aprendi muito no Brasil e assim recebi um diploma para fazer o curso superior em qualquer academia do mundo, para a prática do futebol, sem constrangimento.

O meu grande problema na época era apenas um pouco mais de liberdade e mais compreensão pelo meu espírito libertino. Apesar de pequenos entreveros, o ambiente era alegre e divertido. Num certo momento do Campeonato Paulista fomos a Santos, jogar na Vila Belmiro, contra o próprio Santos F.C. Ficamos concentrados num hotel à beira-mar. Por coincidência, encontrei-me com uma namoradinha e marquei encontro nas imediações do hotel, mas vozes ocultas avisaram Vicente Feola, o qual imediatamente escondeu as minhas calças e ficou na "campana". Sem as calças, não pude sair. Depois de alguns minutos Vicente Feola chamou-me em particular e disse-me:

– Yeso, fique na janela de paletó, camisa, gravata e calções que eu vou chamar a moça.

E assim fiquei na janela do hotel conversando com a moça e ela via-me da cintura para cima. Esses castigos e outros mais eram muito divertidos. Esse ambiente que o treinador nos dava foi a causa de nossa união para a conquista de vários títulos (para recordar, ganhamos essa partida por 2x0).

Apesar de muito jovem, interessava-me pela política do clube e estava sempre ao lado de Décio Pacheco Pedroso, presidente do São Paulo F.C. Seus amigos de diretoria eram homens ilustres e tricolores de primeira linha como Paulo Machado de Carvalho, Piragibe Nogueira, Brasil Vita, Sebastião Paes de Almeida, Constantino Cury, Roberto Gomes Pedrosa, general Porfirio da Paz, Virgilio Lemos, Homero Belantani, Sargento Ariston, Francisco Franco, Manuel Raimundo de Almeida, Leonardo de Barros Carvalho, Laudo Natel, Cassio Vilaça, Manuel do Carmo Meca, Julio Brisola, Luiz Vernech, o velho amigo Serrone, entre outros. Roberto Gomes Pedrosa foi um grande esportista. Além de ser presidente do São Paulo e da Federação Paulista de Futebol, foi goleiro do São Paulo e da Seleção Brasileira por ocasião da Copa do Mundo na Itália em 1934.

Nas eleições para presidente do São Paulo F.C. em 1947, apareceu como candidato da oposição o dr. Cícero Pompeu de Toledo, que, para surpresa geral, venceu por um voto de diferença, graças à ausência de dona Lavínia, única conselheira feminina do clube e partidária do dr. Décio Pacheco Pedroso. Após a vitória, o dr. Cícero afirmou que eu fora o seu maior adversário. De fato, eu tinha preferência pelo dr. Décio e pelos diretores que estavam a seu lado.

Com a vitória do dr. Cícero, começaram as minhas divergências no clube. Decepcionado com a derrota do dr. Décio, tentei abandonar o São Paulo, mas o treinador, Joreca, demoveu-me dessa idéia. Dr. Cícero sabia da minha rebeldia e procurava me acalmar, com largos sorrisos, mas todos sabiam que ele queria fazer grandes modificações no elenco. Não contesto o valor do dr. Cícero, porque foi um dos melhores presidentes, e a sua passagem pelo clube marcou época, porém nossos caminhos e pensamentos eram diferentes, tanto que minha saída do clube aconteceu de maneira imprevisível. O dr. Cícero praticou uma injustiça grave, publicada depois de três anos de minha saída do São Paulo F.C. pelo jornalista Wilson Brasil, no jornal *Equipe* de 29 de novembro de 1951, com o título "Espetaculares acusações de Gijo".

De acordo com as declarações de Gijo, Joreca pediu demissão do São Paulo F.C. porque o presidente Cícero Pompeu de Toledo queria que ele afastasse Barrios e Yeso do time. Alegava o dr. Cícero que ambos estavam jogando mal e continuavam no quadro somente por proteção do técnico. Nos vestiários, antes do jogo com a Portuguesa de Desportos, o dr. Cícero disse que o time não entraria em campo com Barrios e Yeso. Joreca, com muita hombridade, contestou: sem Barrios e Yeso não haverá jogo, porque o time não entraria em campo. Tinha que jogar o quadro escalado por ele. Salientou que preferia perder os dois pontos a retirar os dois jogadores por ele escalados. A discussão foi fortíssima e os dois quase se atracaram em luta corporal. O dr. Cícero se retirou dos vestiários e Joreca, que sofria do coração, passou mal, mas felizmente foi medicado e ficou até o final da partida. Barrios fez o gol que nos deu o empate, com um passe espetacular de calcanhar efetuado por mim. Fui considerado o melhor jogador em campo, ganhando todos os prêmios. Entramos em campo com responsabilidade dobrada. Queríamos ganhar a partida para Joreca, pois todos nós o estimávamos muito. Terminado o jogo, Joreca entregou o cargo, depositando-o nas mãos do dr. Cícero, que aceitou a renúncia.

Gijo prosseguiu, e relatou um fato de que ele não poderia esquecer. Por ocasião da temporada do São Paulo F.C. na Bahia, procuraram afastar-me. O Departamento Médico, mancomunado com Vicente Feola, disse que eu não estava em condições de saúde para acompanhar a delegação. Afirmou que eu estava também sem ritmo de jogo. Para mim foi uma surpresa muito grande quando soube que não iria à Bahia. Aconteceu que o São Paulo F.C. perdeu o primeiro jogo por 7x1. Na mesma noite, Iracino, funcionário do clube, foi bater à minha porta, com um recado para eu arrumar as malas, que seguiria no dia seguinte, de avião. Chegara um telegrama da delegação, chamando Leonidas e eu. Mas eu não estava em péssimas condições de saúde? Como poderia seguir? Como sempre fui um profissional correto e consciencioso, prontifiquei-me imediatamente a embarcar para Salvador.

Ganhamos o jogo por 2x1 e fiz uma boa partida. Eu, que havia sido considerado pelo Departamento Médico, de mãos dadas com Feola, em péssimas condições de saúde.

"Yeso jogou uma grande partida e fez o gol da vitória", foi uma reportagem de desabafo de Gijo, o extraordinário goleiro do São Paulo, escrita por Wilson Brasil.

Num certo momento do Campeonato Paulista, Antonio Sastre, argentino de grande talento, contundiu-se com certa gravidade e por essa razão fui efetivado no time principal. Correspondi plenamente, jogando um futebol simples e objetivo, encantando a todos, especialmente ao dr. Cícero, e além do mais já era o artilheiro do time. A torcida tricolor e a crônica esportiva em geral me achavam em condições de substituir Antônio Sastre, o qual se empolgava com as minhas atuações. Para aqueles que não sabem, Antonio Sastre foi considerado um dos maiores jogadores argentinos de todos os tempos, sendo figura obrigatória por muitos anos na poderosa seleção argentina. Formou com Peucelle, Massantonio, Moreno e Chueco Garcia um dos ataques mais poderosos do futebol argentino.

Apesar de restabelecido, Sastre recusava-se a entrar no time, porque afirmava que eu era jovem, com um grande futuro pela frente. A intenção de Antonio Sastre era de retornar para a Argentina, a fim de cuidar de seus negócios particulares e ficar ao lado da família, que já havia regressado a Buenos Aires. Passados alguns meses, Sastre retirou-se definitivamente do futebol, voltando para a Argentina. Quando chegou a Buenos Aires, fez rasgados elogios a meu respeito para o presidente do Boca Juniors, Armando Gil, o qual procurava um atacante para reforçar seu elenco. Por mera coincidência, na época Boca e River vieram a São Paulo disputar um torneio com Palmeiras, Corinthians e São Paulo. O torneio recebeu o nome de Quintéla de Ouro. Participei do torneio com muito sucesso. Após o torneio, foi formada uma seleção dos três clubes paulistas, para um jogo contra o combinado Boca e River, que nada mais era que a seleção da Argentina. A comissão técnica optou pela minha presença na seleção e deram-me a camisa número 8. Osvaldo Brandão, Gentil Cardoso e Vicente Feola formavam a comissão técnica.

A seleção paulista era: Oberdan, Domingos da Guia e Noronha; Zezé Procopio, Ruy Campos e Valdemar Fiume; Claudio, Yeso, Servílio, Canhotinho e Teixeirinha.

A seleção argentina jogou com: Carrizo, Marante e De Sorzi; Carlos Sosa, Nestor Rossi e Pescia; Boyé, Moreno, Pedernera (Di Stefano), Labruna e Lostau.

O jogo terminou 1x1 e foi um grande espetáculo para o público.

A minha saída do tricolor deu-se por razões exclusivamente políticas, porque indiscutivelmente na minha posição eu era o melhor, tanto é verdade que o treinador do Flamengo, Flávio Costa, queria contratar-me, para que jogasse ao lado de Zizinho, este um dos melhores atacantes do mundo que vi em ação.

Capítulo IV

ANDARILHOS DO FUTEBOL

Os futebolistas brasileiros sempre mostraram o seu valor, em todos os recantos do mundo. Uma maravilhosa legião estrangeira vinha enaltecendo o Brasil através dos anos no exterior. A historia é muito antiga. O brasileiro não é por natureza um forasteiro, mas gosta como ninguém do prazer das viagens e das mudanças de climas e costumes. No futebol a regra é a mesma, embora nem todos os futebolistas se deixem levar pelas tentadoras propostas que, sucessivamente, recebem dos clubes do exterior. Entretanto, para um futebolista de prestígio no Brasil, não é difícil conhecer o mundo, devido aos inúmeros jogos de nossos clubes no exterior, assim como de nossas seleções, não importando a categoria. O Brasil é, e sempre será, uma grande atração no cenário futebolístico. Em relação aos jogadores de menor expressão, quando não participam de *tournées*, que agora estão em moda, às vezes arrumam a mala e enfrentam o desconhecido, ignorando suas próprias possibilidades de sucesso, mas contando com a proteção da sorte.

Desde os primórdios do futebol brasileiro (não poderia deixar de mencionar Charles Muller, Casimiro Costa, Renato Viana e outros da velha escola de pioneiros, que jogaram no exterior antes de iniciar suas atividades no nosso futebol), alguns peregrinos deixaram o Brasil, sem ter firmado aqui um grande prestígio. Outros já partiram com a missão de confirmar no exterior o valor e as qualidades reveladas em nossos clubes e seleções. De qualquer forma, aqueles que tentaram a sorte em outros pagos sempre souberam elevar o renome do futebol brasileiro, portando-se à altura do grande conceito de que os brasileiros desfrutam em todas as partes do mundo, como eméritos e brilhantes futebolistas.

Dentre os jogadores que atuaram e os que atualmente prevalecem no futebol de outros países, alguns conseguiram êxito verdadeiramente espetacular. Basta recordar, por exemplo, Anfilóquio Marques Guarizi, o famoso Filó da legendária excursão do C. A. Paulistano à Europa, e que mais tarde se viu transformado pelas contingências da vida em "legítimo italiano" por ser *oriundi* de fato e de direito, tornando-se campeão do mundo em 1934 com a seleção italiana, alcançando um título que não poucos brasileiros futebolistas vinham perseguindo e desejando há muitos anos na época. Filó disputou apenas uma partida pela seleção italiana, quando os italianos venceram os Estados Unidos pela contagem de 7x1.

Depois de citar Filó, não poderia deixar de mencionar um grande jogador brasileiro. Dentre os desconhecidos dos nossos torcedores, talvez nenhum tenha permanecido tanto tempo sem o conhecimento dos esportistas brasileiros como Alfredo Joaquim Paes, nascido em Manaus e que foi acabar em Portugal, onde foi titular do F.C do Porto por muitos anos. Ele era um rapaz modesto, que se orgulhava de sua condição de brasileiro, e que na época foi convocado várias vezes para prestar serviços à seleção de Portugal, onde nunca chegou a ser titular, talvez por um simples fato de nacionalidade. Paes jogou pelo F.C do Porto contra vários clubes brasileiros, quando estes faziam excursões a Portugal. Foi um dos poucos brasileiros que se firmaram definitivamente no futebol português, muito embora permanecesse desconhecido dos torcedores brasileiros (fato esse que não é estranho, se considerarmos que saiu do Brasil com 8 anos de idade, procedente de Manaus, quando seus pais emigraram para Portugal).

De uma forma ou de outra, houve sempre um brasileiro jogando e mostrando seu valor nos quatro cantos do mundo. Obscuros ou famosos, eles sempre lutaram para conservar nas equipes que atuaram o alto prestígio de que o futebol brasileiro desfruta.

O jogador brasileiro nunca teve espírito de aventura. A imigração de jogadores de futebol em todo o mundo começou praticamente quando o futebol assumiu a condição de profissão em diversos países. Somente a partir de 1930 é que esse curioso movimento emigratório tomou proporções, levando alguns jogadores nacionais a tentar a sorte em nações estrangeiras. Antes dessa época tivemos um Ari Patusca jogando na Suíça, mas porque lá estava estudando. E um Bianco na Argentina, mas pelo fato de sua presença no país dever-se a assuntos particulares. Esses jogadores não podem ser considerados pioneiros da imigração de futebolistas brasileiros. Os irmãos Nininho e Ninão, que em 1930 foram jogar na Lazio de Roma, podem ser, isso sim, considerados os pioneiros do futebol brasileiro. Ambos entusiasmaram-se com a possibilidade de fazer um bom contrato e conseguir sua independência financeira, e foi o que conseguiram, tornando-se famosos jogadores de primeira linha no futebol italiano. Com a consagração definitiva desses dois jogadores, foi despertado o interesse recíproco de clubes italianos e jogadores brasileiros a tentarem juntos sucesso no futebol.

Sendo assim, a partir dos anos de 1930 e 1931 foi iniciada a grande emigração dos futebolistas brasileiros, entre os quais se destacaram: Filó, Pepe, De Maria, Rato, Tedesco, Serafini, Niginho, Gabardo, Del Debbio e Amilcar (técnico) para a Lazio de Roma; Ministrinho para a Juventus de Turim; Silvio Hoffman para o Gênova; Barrilloti, Juvenal, Gogliardo e Caetano para o Nápoles; Fernando Giudicelli, Demostenes e Benedito para o Torino.

Ainda na década de 1930 e 1940 tivemos a ida de Fausto (centro-médio do Vasco da Gama), jogador de alta categoria, estilo de Domingos da Guia e Carlos Alberto Torres, e que marcou uma época brilhante, formando uma linha média extraordinária com Gringo e Mola. Fausto jogou na Suíça e Espanha, atuando pelo Barcelona. Jaguaré, grande arqueiro e companheiro de Fausto no Vasco, jogou também no Barcelona, depois em Portugal, fixando-se por muito tempo em Marselha (França). Foi um goleiro folclórico, e às vezes dava sustos na torcida, quando fingia levar um frango no meio das pernas, e agarrava a bola em seguida. Quando joguei em Marselha ouvi muitas histórias a seu respeito. Houve também Floriano, que acabou morrendo em Dacar, capital do Senegal.

Outros brasileiros famosos emigraram para o Uruguai e Argentina. Foi o caso de Domingos da Guia, campeão em 1933 pelo Nacional do Uruguai, e em 1934 campeão pelo Boca Juniors da Argentina; Leonidas da Silva que jogou no Peñarol do Uruguai em 1933; Bibi e Moisés, que formaram uma grande zaga no Boca Juniors; os irmãos Petronilho e Valdemar de Brito, que jogaram no San Lorenzo da Argentina; Zarzur no Boca Juniors; Jurandir, grande goleiro do São Paulo e Flamengo, que também jogou no Ferro Carril Oeste e no Gimnasia y Esgrima de La Plata; Gradim e Patesko, que jogaram no Peñarol e Nacional do Uruguai respectivamente; Pirilo e Barradas no Peñarol; Baía e Cardeal, o primeiro atuando pelo Peñarol e o outro pelo Nacional; Caxambu no Gimnasia y Esgrima.

Depois da década de 1940, a imigração de jogadores brasileiros diminuiu bastante, e o último a ir para Portugal em 1940 foi Viana. Muitos anos se passaram antes que outros jogadores deixassem o país. Assim sendo, depois de Viana, fui o primeiro a peregrinar. Dr. Heleno de Freitas fez tentativas na Argentina e Colômbia, mas não conseguiu se firmar pelas saudades do seu querido Rio de Janeiro. Outros brasileiros foram para a Colômbia como: Ary, Tim, Marinho, Norival, Adão, Demostenes etc.

O mundo inteiro reconheceu o sucesso e a superioridade do futebol brasileiro e seus representantes, e que poderíamos seguir exportando o maior número de elementos para outros centros futebolísticos, que careciam de material humano de qualidade em seu próprio mercado, como a Europa e agora o mundo inteiro. Mas, infelizmente, depois de anos de luta, ficou provada uma deficiência exportadora, que ocorreu acima de tudo devido ao pouco espírito de aventura de nossos jogadores na minha época, e assim os países europeus em conjunto com países africanos e asiáticos deram preferência a jogadores de outros países para a formação de suas equipes.

O brasileiro, apesar de fazer as críticas mais severas à pátria, é um sentimental por natureza. Poucos são os que trocam a vida mais áspera que possam enfrentar no Brasil por condições melhores no exterior. Quando algum companheiro tentava a aventura, dificilmente se aclimatava. Dominado por profunda nostalgia, só pensava em voltar, mesmo que no Brasil não encontrasse um meio de subsistência melhor do que havia encontrado no "além-fronteiras". Os empresários Conrado Ross e Arturo Bogossian alegavam que estavam completamente desiludidos com a maioria dos jogadores brasileiros que haviam encaminhado para clubes no exterior, chegando ao ponto de não assumir a responsabilidade de contratar mais jogadores para clubes franceses.

Os jogadores brasileiros na minha época, quando estavam fora do Brasil, com raras exceções, causavam graves problemas, atacados que eram de tantas saudades, tornando-se irrefreáveis. Geralmente todos eles, ao ganharem alguns milhares de dólares a mais, só pensavam em voltar o quanto antes, pouco se importando com os contratos firmados. Esse foi o maior problema que afetou a imigração de jogadores brasileiros para o exterior, na minha época, e que acontece até os dias de hoje.

A despeito da fama e do nível técnico incontestavelmente magnífico que possuíamos, nós, os brasileiros, havíamos alcançado na prática do futebol uma importância maior que outros exportadores, como outros países da América do

Sul, que também se distinguiram na arte futebolística, principalmente a Argentina, Uruguai, Paraguai e Chile.

Por que esse contraste?

Devia-se ao fato de que em nossos principais centros futebolísticos (São Paulo, Minas, Rio de Janeiro) se encontrarem os craques brasileiros com condições contratuais que lhes permitiam manter um padrão de vida o qual não conseguiriam atingir jamais no exterior?

Estariam tão adiantadas as leis que regulamentavam as relações entre os nossos clubes futebolísticos e os jogadores, que garantiriam a estes situação que a ninguém era possível obter no estrangeiro?

Jamais encontramos argumentações que explicassem as condições de vida que garantiriam aos nossos craques e aos que aqui chegavam a causa *mater*, continuando o Brasil como país futebolístico que mais importava do que exportava material humano, inclusive árbitros e técnicos. Havia nações cujos clubes pagavam muito mais que nossas agremiações, como Argentina, Uruguai, Itália, Espanha, Portugal, França, Alemanha e alguns outros países na Europa. O desenvolvimento das nossas atividades no futebol causou a elevação dos salários dos profissionais. Essa elevação, porém, não foi processada através da fixação em leis de direitos consagrados. Esses direitos foram criados pela iniciativa individual de jogadores, que sabiam impor-se e exigiam melhores salários, os quais porém, não constavam nos contratos, e muitas vezes eram cortados.

O Brasil era um país de vasta atividade futebolística, precisando, mais do que outras nações, de um grande número de bons jogadores, os quais não surgiam dentro de nossas fronteiras em quantidade suficiente para o suprimento de nosso mercado, em virtude da ausência de uma política racional na preparação de novos valores. Daí os clubes recorriam à importação. Era uma corrida constante na procura de jogadores estrangeiros, principalmente da Argentina e do Uruguai, para os grandes centros do futebol brasileiro, já que em seus pagos sucedia exatamente o inverso do que acontecia no Brasil. Lá a produção de craques sempre foi superior às próprias necessidades do meio, graças à renovação de valores sabiamente orientada por especialistas da época. Os elementos que sobravam e que não podiam aspirar um lugar de proeminência logicamente procuravam emigrar, acorrendo a um centro onde suas qualidades e o seu nível profissional poderiam dar-lhes a situação econômica que almejavam. Foi essa sem dúvida uma das razões sérias que fez do Brasil um país mais importador que exportador, futebolisticamente falando.

Acredito que minha ida para o exterior, passando primeiro pela Argentina e Uruguai, reativou a exportação de jogadores brasileiros para o exterior, diminuindo assim a importação de jogadores estrangeiros em território nacional. A minha responsabilidade foi enorme, porque eu deveria provar que o desastre do Maracanã em 1950 fora apenas um acidente de percurso. O nosso futebol não poderia estacionar, e deveríamos mostrar ao mundo, de peito aberto e cabeça erguida, que éramos os melhores, e que o futuro deveria nos dar esse privilégio.

Por essas e por outras razões, fui o primeiro depois da última Grande Guerra a tentar apagar as ideias de que o brasileiro era um escravo da saudade. E assim cheguei a mudar de vez a mentalidade dos dirigentes europeus, causada pela falta de conhecimento em relação ao futebol sul-americano.

Alcancei grande sucesso no exterior, devido não somente aos meus recursos como futebolista nato, mas também por outras circunstâncias, oriundas quem sabe da minha personalidade original, de minha maneira fidalga dentro e fora do gramado e talvez, segundo a opinião das mulheres, pela minha postura de atleta galã. Aliás dizem que o público feminino começou a frequentar estádios para admirar minhas belas pernas.

Corri ceca e meca, antes de fixar-me definitivamente na França, onde a fama me sorriu com generosa prodigalidade. Chamavam-me de Monsieur Amalfi, o "Deus do estádio", tornando-me o grande capitão do Racing Clube de Paris e o responsável pelas emoções da torcida. Minha popularidade, jamais igualada por qualquer outro futebolista francês na época, elevou-me à condição de uma das dez figuras mais queridas da França dentre artistas de cinema, teatro, políticos, cantores de rádio e televisão, elementos dos Music Halls. Essa classificação se tornou importante se levarmos em consideração que na França o público da época voltava suas vistas principalmente para os esportes que não o futebol, como o ciclismo, com sua apaixonante Tour de France. Isso criou condições para que eu desfrutasse de um impressionante prestígio onde quer que fosse em Paris, desde o Arco do Triunfo até as Caves Existencialistas do bairro de Saint Germain des Prés, e também em outros países.

E foi assim que me tornei um andarilho do futebol.

Capítulo V

ARGENTINA

Com o aval de Sastre e Carlos Sosa fui contratado pelo Boca Juniors, por uma soma até hoje por mim desconhecida. Viajei para Buenos Aires com os empresários Fernando Giudicelli e Ramon Platero. Primeiro entramos no Uruguai pela cidade de Rivera, passamos por Montevidéu e embarcamos para Buenos Aires num hidroavião. Chegamos a Buenos Aires no dia 1º de maio de 1948, dia mundial do Trabalho. Fomos recebidos pelo presidente do Boca e por alguns jornalistas.

Meu primeiro dia em Buenos Aires foi de muita angústia e reflexão, pelos momentos difíceis que passara no São Paulo F.C. Depois de alguns dias, fui para um apartamento na esquina de Lavalle com Maipú, bem ao lado da confeitaria Estrella, onde Gregorio Barrios se apresentava com suas canções românticas, transformando-se mais tarde no rei do bolero.

Adaptei-me rapidamente aos costumes portenhos, em especial ao futebol e à política. Minha passagem pela Argentina foi muito produtiva e agradável. Entusiasmado com meu sucesso, o Boca Juniors resolveu contratar Dr. Heleno de Freitas, o melhor centro-atacante do futebol brasileiro naquele momento. Dr. Heleno vestiu a camisa do Boca Juniors pela primeira vez no dia 6 de junho de 1948, contra o Banfield, em General Arenales y Pena (Estádio do Banfield), com a arbitragem do inglês Mr. Brown.

Apesar de minhas boas atuações, o Boca não se encontrava bem no campeonato, devido mais a questões políticas do que técnicas, afetando profundamente as condições psicológicas dos jogadores. Mesmo assim, Boca era sempre Boca. Com uma tradição magnífica de carinho fogoso, de "uma coragem tipicamente ribeirinha", procurando o caminho de seu prestígio, não obstante as dificuldades circunstanciais que atravessava naquele momento, o Boca seguia mantendo sua condição e sua tradição de grande vedete do campeonato. Não era a primeira vez que o Boca vivia um momento angustiante e não seria a última. Todos os clubes do mundo passam por fases adversas, o que é normal no futebol. O Boca muitas vezes na sua gloriosa história começou o campeonato claudicando, reagindo sempre de maneira proporcional, de acordo com suas tradições e sua real categoria. No entanto, a força desse fogo boquense, esse calor de luta, em que o Boca sempre se destacou, poderia, com a presença de Dr. Heleno de Freitas, retornar a sua "senda tradicional" de vitórias, justificando dessa maneira a sua longa série de êxitos formidáveis, aconchegados por esse grande clube do futebol profissional argentino.

Não obstante as últimas atuações boquenses, e apesar de alguns resultados negativos, existiam amplas e fundamentais esperanças de que a reação se produziria na estreia do Dr. Heleno de Freitas. A chegada do Dr. Heleno a Buenos Aires elevou o moral dos jogadores e entusiasmou o público. Na sua estreia ele iria desempenhar um papel preponderante, um fator psicológico que, seguramente, retumbaria em benefício do desempenho do Boca frente ao Banfield. A partida aparentava ser sumamente difícil, porque o Banfield, dentro de seus domínios, era um adversário perigoso, muito bem armado, e pelo seu espírito de luta estava em condições de brecar a fúria boquense, que buscava reabilitação total. Através de várias temporadas, o Banfield conseguiu vitórias memoráveis, geralmente quando jogava em seus domínios. Dessa maneira, esse jogo, por si só, se constituía numa grande atração. Nós entramos em campo com as armas da esperança, recaindo sobretudo nas virtudes do grande atacante brasileiro Dr. Heleno de Freitas.

Finalmente Dr. Heleno estreou de maneira delirante, culminando com a façanha de marcar 2 gols, numa espetacular vitória por 3x0 sobre o Banfield. No jogo do Banfield o público foi à loucura. Nessa partida foram batidos todos os recordes de arrecadação e público no acanhado estádio do Banfield.

Na Argentina não havia centroavante melhor do que ele, e o Boca Juniors sabia disso, a torcida compreendia e a imprensa endossava. Em contrapartida, não havia ninguém, nem mesmo o homem da rua, que não apostasse no seu fracasso a curto prazo. Essas considerações foram escritas por Geraldo Romualdo, um dos melhores e mais famosos jornalistas esportivos do Brasil na época, quando esteve em Buenos Aires para assistir à estreia de Dr. Heleno, e nos entrevistar. Além do mais, Dr. Heleno era muito amigo de Romualdo, desde os áureos tempos do Botafogo do Rio de Janeiro. O desespero de Dr. Heleno era terrível, tinha 1.000 demônios na cabeça, e não havia uma razão, um motivo especial para tanto. No princípio pensei que se tratava de inadaptação, de falta de ambiente, mas ele estava distante do velho habitual, da praia querida, da turma dos cafajestes. Essa turma era formada por aqueles moços ricos, baderneiros simplesmente por esporte, sem maldade, da qual faziam parte dentre muitos Baby Pignatari, Ermelindo Matarazzo, Mariozinho de Oliveira, Ibrahim Sued e seu irmão Alberto Sued, Mario Saladini, Paulinho Soledad, João Saldanha, Edu – um piloto de avião falecido num desastre aéreo, para quem foi escrita uma música em sua homenagem com o título "Zum, Zum, Zum está faltando um". Apesar do grande sucesso dessa música na época, ela nos trouxe muita tristeza. A turma era acima da média, caridosa, amiga, sincera e muito respeitosa, mas tinha um porém: "não vem que não tem". Eles eram capazes de acabar com qualquer festa, brigar até o sol raiar, enfrentar qualquer lutador de *Catch*. Esses caras faziam até chover, porém não tinham maldade. Eram bons amigos, muito divertidos, sem qualquer tipo de vício, homens normais acima de qualquer suspeita. Essa rapaziada era muito querida em todo o Brasil, mas Copacabana era sua sede principal. E assim, com a sua turma querida e o Rio de Janeiro na cabeça, Buenos Aires não tinha mais nada a oferecer ao Dr. Heleno de Freitas, e sua atenção, seus ideais, todas as suas preferências estavam no Rio de Janeiro. Ele sempre comentava que sentia muitas saudades da turma de Copacabana, da família, dos cassinos com seus grandes *shows*, enfim um Rio de Janeiro maravilhoso.

O que sempre me intrigou durante todos esses anos, quer no Brasil, na Argentina, na Colômbia ou em outros países, e mesmo nos dias atuais, é quando alguma pessoa, no rádio, na televisão, nos jornais ou numa roda de antigos jogadores e saudosistas, me pergunta – e na maioria das vezes insinuam – que o Dr. Heleno se drogava. Conheci Dr. Heleno desde o tempo que jogava no Botafogo e depois fomos companheiros de clube no Boca Juniors, e posso afirmar com toda honestidade e segurança que nunca vi Dr. Heleno se drogar e muito menos beber. De minha parte, assim como de nossos companheiros de clube, ele está acima de qualquer suspeita.

Nas festividades carnavalescas no Brasil, as principais atrações eram os desfiles de cordões, os corsos de automóveis, os desfile de fantasias e os bailes. Em São Paulo os corsos eram na Avenida Brasil, na maioria com carros conversíveis, formando-se uma verdadeira batalha de confetes e serpentinas.

Depois dos desfiles de carros, os diversos bailes carnavalescos se tornavam as grandes atrações das festividades. As crianças se divertiam nas *matinées* dos clubes com confetes, serpentinas e lança-perfumes, divertindo-se inocentemente sem qualquer tipo de risco. (Porém, no decorrer do tempo, nos bailes de marmanjos, alguns deles trocavam o verdadeiro uso do lança-perfume, espirrando nos olhos das pessoas ou cheirando abertamente com os lenços encharcados para outras finalidades. E foi assim, que depois de certo tempo a polícia proibiu o uso do lança-perfume). Dr. Heleno jamais tocou nesse assunto nem brincando, pois o que ele gostava muito era de jogar boliche e como de costume era um mau perdedor.

Jogamos quase um ano na Argentina, disputando um campeonato verdadeiramente difícil, pelo grande número de jogadores de alta categoria que compunham a maioria dos clubes. No segundo turno havia uma disputa muito acirrada e interessante, para a conquista do título, entre Racing, River Plate, Independiente, San Lorenzo de Almagro, e em seguida vinha o Boca Juniors subindo de produção e correndo por fora. Sem exagero algum, a Argentina poderia formar umas três ou quatro seleções do mesmo nível. Dezesseis times de alto nível disputavam o campeonato argentino da primeira divisão: Banfield, Boca Juniors, Chacarita Juniors, Estudiantes de La Plata, Gimnasia y Esgrima de La Plata, Huracán, Independiente, Lanús, Newell´s Old Boys, Platense, Racing, River Plate, Rosario Central, San Lorenzo de Almagro, Tigre e Vélez Sarsfield.

Toda essa Enciclopédia do Futebol Mundial terminou, no apogeu de sua glória, por um simples gesto impensado do general Perón. Heleno e eu fomos banidos, assim como os demais jogadores que aderiram à greve, por não aceitar as imposições daqueles que comandavam politicamente o país, com relação ao Sindicato de Jogadores Profissionais que operavam na Argentina. Quem viu, viu. Quem não viu não verá mais.

A intenção do general Perón seria colocar, nos principais clubes, um diretor de sua confiança e que fosse do partido peronista, como foi o caso do ministro Cereigo, presidente do Racing, que vinha fazendo um grande trabalho, digno de elogios. Até aí tudo bem, porque seria benéfico para os clubes, porque o general Perón apoiava os esportes em geral, com muita dedicação e seriedade.

Antes da greve, nós havíamos conversado com o presidente da Federação Argentina de Futebol, Oscar L. Nicolini. Para essa reunião os jogadores filiados nomearam uma comissão especial de futebolistas argentinos agremiados, assim como alguns futebolistas estrangeiros, para junto ao presidente da A.F.A reivindicar algumas prioridades, especialmente para aqueles menos favorecidos. Depois de inúmeras reuniões, houve desleixo de alguns dirigentes acomodados, pela mordomia que o regime da época lhes oferecia. Jamais eles poderiam acreditar na coragem, na união e na força do Sindicato dos Futebolistas, deixando de aprovar algumas exigências dos jogadores, e foi assim que começou a greve total do futebol argentino, ficando estabelecido o seguinte: em cada partida de campeonato, nós ficaríamos 1 minuto em silêncio, todos sentados após o apito do árbitro para dar início ao jogo. Passado 1 minuto de silêncio absoluto, nós jogaríamos os 89 minutos restantes normalmente.

E foi o que aconteceu em todos os jogos da rodada. Aquele protesto de um minuto foi batizado com o nome de *Paro Simbólico*. Os árbitros ingleses, num gesto democrático, respeitaram o nosso ato. A Federação Argentina de Futebol, apoiada pelo general Perón, não concordando com o nosso gesto, resolveu suspender o campeonato, expulsando todos os jogadores profissionais e terminando o campeonato com jogadores amadores. Por essas razões e outras mais, começou assim a decadência do futebol argentino, que naquele momento era o melhor do mundo, sem sombra de dúvida.

Assim sendo, a maioria dos jogadores foi obrigada a se integrar à Liga Pirata da Colômbia. O Dr. Heleno de Freitas foi para o Atlético Junior e eu tive uma rápida passagem pelo Milionários da Colômbia. Logo, felizmente, após um acordo diplomático, fui para o Peñarol do Uruguai.

Apesar desse grave incidente, passei momentos felizes na Argentina, num clube maravilhoso, de alto gabarito, com uma torcida eletrizante. Sinto-me feliz de ter envergado a camisa do glorioso Boca Juniors, onde só fiz amigos, que conservo até os dias atuais. Jogar na Argentina naquele momento, e em especial no Boca Juniors, foi um cartão de visita de grande utilidade para meu futuro. Por mais incrível que pareça, fizemos parte do chamado *partido de los descamisados*, porque Dr. Heleno e eu tínhamos ligações com a Casa Rosada, por sermos amigos do irmão de Eva Perón, primeira-dama da Argentina. Convivemos com políticos, artistas, intelectuais e desportistas, num clima de muita camaradagem, gozando de todas as regalias, sem qualquer imposição. Buenos

Aires continuava sendo a capital da aristocracia, como no tempo de meus avós maternos. Ficavamos nos cafés e restaurantes com jogadores de outros clubes, num ambiente democrático com muita amizade e respeito. Luta mesmo só no campo, cada qual pela sua bandeira. Dr. Heleno e eu tivemos a honra de conviver com jogadores extraordinários. Em fins do ano de 1949, tudo isso acabou: Dr. Heleno foi para a Colômbia e eu parti para o Uruguai.

Capítulo VI

URUGUAI

Os uruguaios mais antigos falavam muito do jogador brasileiro "El Tigre", mais conhecido entre nós por Friedenreich, um dos principais atacantes do futebol brasileiro de todos os tempos, infelizmente desconhecido por alguns e não lembrado por outros. Não poderia jamais deixar de prestar uma homenagem a esse fabuloso personagem e protestar pelo esquecimento e descaso do povo brasileiro, dos paulistas em particular. Agradeço a Deus por me haver dado o privilégio de ter conhecido aquele que foi um dos maiores futebolistas de todos os tempos.

Feita essa homenagem, volto ao Uruguai. Na época em que cheguei ao país, ele era o primeiro colocado no *ranking* mundial, porque ganhara a medalha de ouro em futebol nas Olimpíadas de 1924 em Paris. O Uruguai venceu sem contar com os jogadores do Peñarol, por estarem com as relações cortadas com a Federação. Quando se apresentou para o primeiro jogo, o público foi de 5 mil pessoas apenas, mas na final, no Estádio de Colombes, havia mais de 60 mil pessoas.

Nessa Olimpíada o jogador uruguaio José Leandro Andrade foi o grande destaque, sendo chamado pelos uruguaios de "Pérola Negra". Andrade, além de futebolista, era bailarino, ganhando sua vida dançando nos cassinos. Ele demonstrou todo o seu talento, especialmente na partida contra a França, quando fez um gol antológico driblando cinco adversários na vitória uruguaia por 5x1. Além de Andrade, outros jogadores se destacaram, tais como Nasazzi, Petrone e Scarone. Este último foi meu treinador, com o qual aprendi muito. O capitão era Nasazzi, que criou a mística da camisa azul celeste. Essa camisa representava a bandeira da pátria, e os jogadores sentiam uma força estranha no momento de vesti-la. Sendo assim, devia ser honrada, conforme as palavras de Nasazzi, dirigidas a seus companheiros antes dos jogos.

Nas Olimpíadas da Holanda, em Amsterdã, participaram 17 países e a final foi sul-americana, entre Uruguai e Argentina, no dia 10 de junho de 1928, com o estádio lotado. O jogo terminou empatado 1x1, mesmo com prorrogação. O jogo extra para a decisão foi marcado para três dias depois. Na decisão prevaleceu a garra uruguaia, e assim o Uruguai sagrou-se bicampeão olímpico de futebol.

Com o grande êxito do futebol nas Olimpíadas, onde bateu recorde de público (jamais visto no mundo em qualquer outro evento até aquele momento), Jules Rimet iniciou um trabalho com seus amigos, sonhadores como ele e com os mesmos ideais. Assim, a primeira Copa do Mundo se concretizou em 1930 no Uruguai, com a participação de 13 países. Com a efetivação da Copa do Mundo no Uruguai, Jules Rimet conseguiu convencer a todos que o futebol seria o esporte das multidões, e foi o que aconteceu. Tive a honra de conhecê-lo muito bem, porque um de seus filhos era dirigente do Racing Club de Paris, onde joguei muitos anos.

Minha passagem pelo Uruguai foi muito importante, tanto tecnicamente como moralmente. Cheguei em fins de 1949 e, pela recepção festiva, senti o respeito e o carinho que os uruguaios tinham para com os brasileiros. Na época falavam muito sobre o nosso querido e inesquecível Domingos da Guia, que anteriormente formara um trio final[1] no Nacional de Montevidéu: Balesteros, Domingos da Guia e Nasazzi. Esse trio ficou um turno e meio no campeonato uruguaio sem levar um único gol. Essa invencibilidade foi quebrada pelo Peñarol, e a bola do jogo está na Sala de Troféus do clube até os dias atuais.

Depois de alguns dias de minha chegada, fui ao sepultamento triste e solitário de Cardeal, atacante brasileiro do Rio Grande do Sul, que havia jogado por algum tempo no Nacional, um dos clubes mais tradicionais do futebol uruguaio e mundial. Após o acordo consular que me transferiu e me liberou das obrigações para com o Boca Juniors e com a A.F.A. (Associação de Futebol Argentina), passei a integrar a equipe do Peñarol. Encontrei um ótimo grupo de jogadores, que mais tarde se consagrariam: Maspoli, Obdulio Varela, Miguez, Vidal,

---

1 O *"Trio final"* é: goleiro(1), lateral-direito(2) e lateral-esquerdo(3); esta era a maneira como se organizavam os jogadores defensivos, no princípio do século XX.

Pereira Natero, Hoberg, Schiaffino, Giggia etc. Joguei também com Pancho Gonzalez[2], irmão de Alfredo, este jogando simultaneamente no Flamengo e Palmeiras com grande destaque. Na ocasião, Peñarol e Nacional eram infinitamente superiores aos demais clubes uruguaios. Disputei apenas o campeonato de 1950 (Torneio Competência – Arturo L. Michel), o qual foi muito curto devido aos preparativos para a Copa do Mundo de 1950, no Brasil. A final foi disputada no Estádio Centenário entre Peñarol e River Plate. O estádio estava lotado. A imprensa já indicava o Peñarol como favorito, tendo este uma campanha brilhante, estando invicto até aquele momento. Marquei o primeiro gol na etapa inicial, inaugurando o marcador. Uma revista esportiva local assim descreveu esse gol: "Num momento dramático da luta entre Peñarol e River Plate, o atacante brasileiro Yeso, culminando com uma brilhante combinação com o ataque do Peñarol, desfere um precioso chute a gol sem muita força, mas muito bem colocado, abrindo o marcador e dando tranqüilidade ao time. Logo em seguida termina o primeiro tempo. No segundo tempo o jogo continua equilibrado e muito corrido. O atacante Vidal do Peñarol aproveita da indecisão de Bermudez, Soarez e Rodriguez e faz o segundo gol, dando números finais à partida". Com essa vitória, o Peñarol sagrou-se campeão invicto do torneio (no total, 52 partidas invictas entre campeonatos, jogos amistosos e torneios internacionais).

Depois de terminar as minhas atividades no Uruguai no ano de 1950, entrei em férias e regressei ao Brasil, que se encontrava em clima de Copa do Mundo. Estive alguns dias em companhia de meus familiares, tendo a oportunidade de assistir a alguns jogos do Brasil.

---

2 *Mais tarde levei Pancho Gonzalez para o Olimpique de Nice (França), onde se radicou. Foi campeão na França várias vezes como jogador e treinador. Naturalizou-se francês e integrou a seleção francesa em várias ocasiões. Foi um dos grandes responsáveis pelo progresso do futebol africano, onde esteve durante vários anos como treinador e observador. Alfredo Gonzalez, seu irmão mais velho, radicado no Rio de Janeiro, foi um dos maiores atacantes do futebol sul-americano. Jogou muitos anos no Brasil, em clubes como Flamengo, Palmeiras e Vasco da Gama.*

Capítulo VII

A VIAGEM À EUROPA

Não sei como o sr. Bogossian convenceu o presidente do Peñarol a negociar a minha transferência, quando eu estava na lista dos inegociáveis, por ordem do sr. Emeric Hirsch, treinador do Peñarol. O sr. Bogossian prometeu a meus pais que eu iria fazer um bom contrato e continuaria os meus estudos em Nice, numa ótima universidade.

Embarquei para a Europa (França) na manhã do dia 16 de julho de 1950, a bordo do navio italiano Conte Grande, enquanto no Rio de Janeiro os brasileiros preparavam os fogos de artifício para comemorar a grande vitória na final da Copa do Mundo com antecedência. Os resultados negativos do Uruguai e as sensacionais vitórias do Brasil contra Suécia e Espanha davam ao Brasil o franco favoritismo. Mas tudo isso não aconteceu. Soube do resultado em alto-mar. Vivi naquele momento a imagem do Brasil inteiro. O Uruguai sagrou-se campeão mundial pela segunda vez, vencendo o Brasil no Estádio do Maracanã por 2x1. Foi um verdadeiro desastre para os brasileiros em geral. A alegria exuberante de alguns passageiros uruguaios me entristecia de tal maneira que me recolhia, preferindo tomar minhas refeições no camarote. Passado algum tempo, já confortado por alguns passageiros uruguaios, continuei a viagem mais tranqüilo.

Meu principal objetivo era jogar bem na França, porque os europeus não me causaram uma boa impressão, tanto técnica como fisicamente, e nessas condições eu já tinha alguma vantagem a mais que a vontade de vencer. A tripulação do Conte Grande, um tanto cosmopolita, dividia as opiniões em relação ao futebol jogado na Copa. Os italianos e os espanhóis não se cansavam de tecer elogios ao futebol de seus pagos, mas a mim não convenciam, porque a Itália e a Espanha foram decepcionantes. Apenas Suécia e Iugoslávia se salvaram. Os poucos passageiros franceses que estavam a bordo afirmavam que o futebol francês estava em fase de transição, e que a França era um país magnífico para se viver. Nenhum deles fazia qualquer tipo de crítica. Notei nos franceses muita calma (educados e indiscretos) e logicamente fiquei mais animado porque a França era meu destino. Esses franceses desembarcariam em Barcelona e depois seguiriam para a Argélia, para visitar familiares. Depois de vários dias de viagem, nossa primeira escala foi Lisboa. De minha parte houve um encantamento e uma certa curiosidade. Permanecemos algumas horas, e aproveitei a pequena excursão oferecida pelo comandante do navio para visitar rapidamente o centro de Lisboa, onde as ruas comerciais, muito estreitas e animadas, pareciam-se muito com as do Rio de Janeiro. Logo em seguida nos dirigimos ao Cassino do Estoril, depois à Santa Sé e ao Estádio Nacional de Futebol, que é um tanto sugestivo com sua imensa arena, adornos em ferro a cavalo[3] ao redor do campo, onde um lado era todo aberto, o que nos dava uma paisagem admirável do gramado. Naquele tapete verde, encontravam-se várias mulheres, tratando com carinho, centímetro por centímetro como se fosse um Parque Real. O Estádio Nacional de Lisboa, na época, talvez não tivesse a grandiosidade de muitos estádios sul-americanos, mas era imponente, como um verdadeiro monumento em homenagem ao Futebol. Apesar de algumas voltas a mais, o passeio foi muito agradável e proveitoso. Valeu a pena.

Nossa segunda escala foi Barcelona, e foi também o nosso adeus a alguns dos franceses companheiros de viagem. A grande cidade catalã deu-me a impressão de uma cidade velha, maltratada e com péssima alimentação. Que me perdoem os meus amigos espanhóis por essas fugidias impressões turísticas, porque mais tarde, conhecendo bem Barcelona, achei-a maravilhosa, alegre, moderna, elegante, com mulheres lindíssimas e uma vida noturna de primeiro mundo.

Sentia-me um pouco melancólico, porque durante esses 19 dias de viagem formamos uma verdadeira família. A travessia do Oceano Atlântico fora muito divertida. Cantávamos e dançávamos, como se todos os dias houvesse uma festa em família. Seria o meu quarto adeus em tão pouco tempo: primeiro o Uruguai; depois o Brasil com meus familiares e amigos; os franceses que desembarcaram em Barcelona, e por último meus companheiros de viagem que iriam para Gênova, etapa final da viagem.

Quanto mais a viagem se aproximava do final, mais eu me perguntava o

---

3 *São correntes de ferro de grandes dimensões fixas em pequenas colunas de mármore.*

que iria acontecer na minha chegada. O sr. Bogossian havia me dado poucas instruções, acreditando apenas no meu sucesso. Quanto a mim, nada sabia sobre Nice, que era minha parada final, e muito menos o nome do clube ao qual me dirigia. Os jornais do Uruguai haviam noticiado que eu iria para o clube Stade Français de Paris, a fim de substituir o marroquino Ben Barek, extraordinário jogador de categoria internacional, que havia sido transferido para o Atlético de Madrid, juntamente com o internacional inglês Carlston. Sabia que alguém deveria me esperar em Cannes, porque em Nice não havia ancoradouro. O navio ancorou a alguns metros da enseada. Fui o único passageiro a desembarcar em Cannes. Senti qualquer coisa vaga em mim, quando a pequena lancha me conduzia ao cais. Pouco a pouco, os lenços brancos, acenados pelos que seguiam, começavam a desaparecer no horizonte, e eu me encontrava sozinho outra vez.

Capítulo VIII

FRANÇA – COSTA AZUL

E foi assim: desembarquei na manhã do dia 2 de agosto de 1950 na enseada de Cannes. Tive a impressão de desembarcar no paraíso. Cannes era um sonho de fantasia: adoçada por colinas verdejantes, a cidade rosa e branca se desprendia sobre o azul do Mar Mediterrâneo e do céu. O panorama que se oferecia aos meus olhos era confortante e encantador. Esperava ser recebido por alguns jornalistas e dirigentes do clube francês, fato normal na América do Sul quando da chegada de um jogador consagrado e precedido de um certo prestígio, como no meu caso, que vinha do Peñarol, que, além de ser campeão uruguaio, possuía em suas fileiras vários campeões mundiais de 1950.

Mas minha chegada à França foi decepcionante (no futuro provaria outras decepções mais sérias). Na realidade, Cannes estava muito agitada com os turistas, que se agregavam nas praias e nas passarelas, nos arredores da famosa baía de Cannes, encoberta por luxuosos iates, sendo na época o *hobby* dos milionários. Calculei que devia ter acontecido qualquer anormalidade em Cannes, mas, com minha experiência internacional, estava absolutamente calmo e muito bem preparado para qualquer eventualidade: dinheiro no bolso, endereço e telefone de alguns amigos e parentes mais próximos de minha família na Itália. Com tudo isso, e por ter uma boa noção dos idiomas latinos, não tinha problemas de comunicação.

Como todo brasileiro, sempre fui nostálgico e bairrista, mas a quantidade e variedade de mulheres lindas que desfilavam de biquíni enchia meus olhos de encantamento, fazendo-me esquecer um pouco da pátria e da família. Para um jovem brasileiro como eu, tudo era novidade. Mas, apesar de tudo, meu objetivo principal era acertar a minha situação como futebolista profissional, para depois pensar na beleza e na elegância das mulheres que passavam pelos meus olhos com grande intensidade.

Apesar da viagem, me sentia em condições de jogar em qualquer clube europeu, pelo pouco que havia observado na Copa do Mundo de 1950, realizada no Brasil. Depois de passar pelo São Paulo F.C. (Brasil), Boca Juniors (Argentina) e Peñarol (Uruguai), já me apresentava com um currículo respeitável. Os europeus ainda sofriam os efeitos da guerra, fator esse que nos dava uma relativa vantagem. Essa era a verdadeira realidade após-guerra.

Deixei meus pertences numa caixa numerada nas proximidades da alfândega e fui dar uma volta à beira-mar, quando sem querer deparei com o famoso Hotel Martinez, e sem perda de tempo me dirigi ao serviço de informações, relatando meu drama para a recepcionista, a qual, muito atenciosa, com um simples telefonema para Nice, solucionou o meu problema. Uma hora depois terminou a minha angústia, com a chegada do jornalista Tony Bessy, do intérprete sr. Nuti e de um diretor do clube, o sr. Verola.

Após uma rápida conversa, partimos em direção a Nice, a terra prometida. Estava outra vez seduzido pelo panorama que desfilava diante de meus olhos. A baía não possui a majestade e o esplendor de Copacabana, mas o céu e a doçura do Mar Mediterrâneo, com a elegância das paisagens, encantava-me sobremaneira e me faziam esquecer das dificuldades que tivera no momento daquele desembarque solitário. Passamos por Juan les Pins e Antibes, cidades tradicionais de veraneio da Costa Azul. Depois de alguns minutos entramos em Nice pela tradicional Avenida Promenade des Anglais, à beira-mar, ainda com couraçados americanos que patrulhavam as costas do Mar Mediterrâneo.

A Promenade des Anglais é a avenida mais importante de Nice, com alguns hotéis tradicionais como Beach Regency, Negresco, Mediterranée, Bristol, Ruhl etc. e eu me perguntava em qual deles iria me hospedar. Mas meus sonhos se foram por terra quando o carro estacionou no Hotel Durante, numa praça sem saída, nas proximidades da estação ferroviária. Na porta do pequeno hotel havia uma fotografia de Balzac bem em frente a uma palmeira solitária. Tive vontade de reclamar, mas as duas moças que me recepcionaram eram tão lindas e delicadas que de imediato aprovei o hotel. Por incrível que pareça, elas eram filhas do dono do hotel. Deram-me o quarto número 14, no primeiro andar. Meus aposentos eram então apenas um quarto. Naquele momento o hotel estava em reforma. O *toilette* e a sala de banho ficavam provisoriamente no corredor do andar térreo. As moças pediam paciência, porque em breve eu estaria bem acomodado.

Os senhores Nuti e Verola orientaram as moças para que não revelassem a ninguém a minha permanência no hotel, até o reinício dos treinamentos. Sendo assim, eu teria uns dias de folga por conta do clube, a fim de conhecer um pouco da cidade. As minhas refeições eram feitas na famosa Brasserie Niçoise, de propriedade do sr. Lalu (o qual também fazia parte da diretoria do clube). Não haveria mais necessidade de intérprete, porque eu já estava bem acomodado e, apesar de o sr. Nuti ser muito atencioso, tirava-me um pouco da liberdade. Eu flertava com uma garota que era um monumento de beleza e morava ao lado do hotel. O nome da garota era Luly: cabelos longos da cor de uma libra esterlina, olhos verdes, elegante, esbelta, positivamente sensual e muito amorosa. Minha vida não poderia ser melhor.

Naqueles poucos dias, estava sempre nas praias e à noite visitava cassinos e boates da Costa Azul. Apesar da boa vida, eu boiava às escuras, pensando na assinatura do contrato para minha segurança e nos meus companheiros que havia deixado na América do Sul, com a promessa de que, no momento em que assinasse um contrato, eu iria pensar em colocá-los também num clube europeu. Em realidade ninguém se ocupava de mim, a não ser as duas moças do hotel e minha namorada.

Nesse meio tempo conheci os primeiros três jogadores que seriam meus companheiros de clube (por incrível que pareça, eles falavam espanhol): Carré, Belver e Firout (este último nascido na Argélia). Depois de conversarmos um pouco, eles me fizeram saber que para assinar contrato eu deveria jogar três partidas amistosas. Essa notícia me trouxe dúvidas quanto à seriedade dos homens que dirigiam o clube.

Mesmo com a simplicidade do hotel e o barulho das reformas, o ambiente me agradava, especialmente pelas moças que estavam sempre a meu lado. A minha namorada um dia me chamou e fez saber que estava comprometida, mas não sentia afeição pelo noivo, e mantinha essa relação para não desagradar à família, mas o seu alvo predileto era eu, e assim fomos levando numa boa, sem qualquer problema. Quanto às moças do hotel, elas eram inteligentes e compreensivas, sabiam da minha situação com Luly e, para evitar qualquer desabono, respeitavam-me e me ajudavam nesse namoro proibido, a fim de evitar comentários em relação a Luly.

Nice sempre foi uma cidade com inúmeras atrações turísticas, muito movimentada, com várias boates à beira-mar e alguns cassinos. As calçadas, bem largas e confortantes, recebiam da prefeitura uma quantidade enorme de cadeiras, proporcionando aos turistas a oportunidade de se regalar com a beleza do mar e o encanto natural das paisagens. A cada 100 metros na calçada havia uma pequena escada que dava acesso à praia. O banhista podia frequentar a praia sobre os pedregulhos (gratuito) ou ir a um dos inúmeros balneários (pagos). Na Costa Azul (com exceção de Cannes, com praias artificiais de areia) as praias eram constituídas de pedregulhos. A primeira praia que conheci em companhia das garotas foi a Fórum Plage, em frente ao Hotel Negresco, um dos hotéis mais badalados da Costa Azul, onde inúmeras celebridades possuíam aposentos permanentes, entre os quais o ator americano Errol Flynn, o rei Farouk do Egito, Churchill, Aga Khan, Xá do Irã, princesa Margaret. Na época o Hotel Negresco só aceitava hóspedes de sangue azul ou celebridades internacionais.

    Uma certa noite, passando em frente ao hotel, fui dar uma olhada no local onde iria ser realizada a eleição da Miss Costa Azul e logo em seguida o grande baile de gala, com traje a rigor obrigatório. Na entrada do hotel havia um cartaz avisando que a entrada só seria permitida aos convidados especiais. Notei, de relance, que os músicos estavam vestidos discretamente, com ternos escuros, camisa branca e gravatas borboleta, e por estar vestido praticamente como um músico, acreditei que poderia passar por um deles e fui entrando de "bicão", sem mais nem menos, até o fim do corredor, não sendo interpelado por ninguém, dando a impressão que eu fazia mesmo parte da orquestra. Mas essa alegria durou pouco, quando um dos guardas muito educadamente me impediu de prosseguir. Acatei a decisão, mas pedi ao guarda que pelo menos me deixasse visitar o hotel, para um dia, quem sabe, transmitir aos meus compatriotas do Brasil essa festa digna de um conto de fadas. O guarda, muito gentil, acatou o meu pedido e após a visita eu tive uma certeza: que voltaria um dia, como rei do futebol, a fim de lá permanecer pelo menos 15 dias, e que meus aposentos seriam no primeiro andar, de frente para o mar, onde o rei Farouk estava alojado. E assim fiquei intimamente comprometido, para "dar o troco" num futuro bem próximo.

    Depois do episódio do Negresco, continuei frequentando o Forum Plage, cujo dono, Charles, se tornou um grande amigo. Charles gostava muito de futebol, assim como a turma da praia, formando-se um comitê pró-permanência de

Yeso Amalfi em Nice. Mesmo sem treinar, meu nome começou a se espalhar pela França, em especial na Costa Azul.

A amizade colorida com Luly já se transformava num verdadeiro amor, e nós não tínhamos mais condições de esconder os nossos segredos. Como para o amor não há barreiras, resolvi conversar com o suposto noivo (ou namorado, sei lá). Fui falar com o rapaz "numa boa". Na época não havia discórdia por infidelidade. Vivíamos a era existencialista, "Tudo em benefício do amor". Além do mais, a quantidade de mulheres era infinitamente superior à de homens, porque estávamos num período após guerra. Com pensamento positivo, fui ao escritório do rapaz, a fim de acertarmos uma situação que incomodava ambos os lados. Fui muito bem recebido e conversamos em alto nível. Ele compreendeu a situação e se conformou, sem qualquer tipo de reação contrária. Depois de algum tempo, o rapaz retornou a Lyon, sua cidade natal, e nunca mais recebemos notícias dele.

Depois de quase uma semana (um tanto agitada), chegou o dia da apresentação para o início dos treinos. Eu sabia de antemão que o clube já havia consumido um bom número de treinadores. Entre os mais conhecidos, estavam Tony Marec e Emile Veinante, que haviam sido dispensados por não preencherem as qualidades que os dirigentes do clube exigiam. Sendo assim, trouxeram Elie Rous, que oferecia como *know-how* os seus conhecimentos de educador e pedagogo. À primeira vista não simpatizei com o treinador, porque senti falsidade no seu olhar e na sua maneira de se expressar aos jogadores.

Até então não conhecia os métodos do futebol francês, e fiquei surpreso quando soube que o clube não oferecia material para os treinamentos e não havia roupeiro e massagista. Recebíamos apenas calção e camisa, e o restante do material devíamos trazer de casa. Engoli em seco, mas "o bom malandro não estrila", e como Firout já havia me prevenido, levei em tom de brincadeira. Fui dispensado do treino e deram-me uma senha, para retirar o material de treinamento numa loja de artigos esportivos, credenciada pelo clube. Retornei no dia seguinte para treinar, com todo o material autorizado pelo clube, conservando apenas meu par de chuteiras Gaeta, as quais eram muito leves e flexíveis. O meu primeiro treino foi no Estádio Saint Maurice, ao lado do Campo de Gorbela, onde os profissionais do clube estavam acostumados a treinar. A quantidade de curiosos era enorme, fora do comum. O jornalista Tony Bessy havia escrito que eu não estava acostumado a treinar de pijamas, porque os calções eram longos demais e as bolas muito pesadas, mas que havia gostado muito das garotas, as quais eram lindas e provocantes, e que Nice, graças ao seu clima ensolarado e às suas paisagens elevadas e multicolores, era sem dúvida a região mais cativante da França. Até aquele momento, como forasteiro, não havia encontrado uma região tão agradável como a Costa Azul, especialmente a cidade de Nice.

E foi com calção tipo pijama e bola pesada que iniciei os treinos no meu novo clube. O treinador, Elie Rous, era um gordinho desengonçado, duro no tratar com os jogadores, caráter autoritário, muito hábil nas conversações, manobrando com extrema facilidade os dirigentes, os quais dificilmente compareciam aos treinamentos, por serem, em sua maioria, "homens de negócios". Algumas pessoas bem informadas me avisaram que Elie Rous tinha uma certa aversão para com os jogadores sul-americanos, talvez por haver fracassado no Chile como treinador, tendo sido dispensado por incompetência. Na primeira semana os treinos foram integrais, somente físicos, sem bola, com frequentes caminhadas sob um sol abrasador. Até aí, tudo bem. Apesar do meu temperamento explosivo, procurei atender as exigências do treinador sem reclamar, a fim de evitar qualquer tipo de entrevero.

O trabalho de Elie Rous, imposto com certo rigor, muito me desgastou, o que me fez perder alguns quilos em apenas duas semanas de treinos (quando cheguei a Nice pesava 75 quilos, com 1 metro e 75 de altura, e correndo 100 metros rasos em 11,4 segundos). Meu arranque com a bola nos pés era dentro de um ritmo alucinante. Infelizmente depois de 30 dias de treinamento estava "no bagaço", tanto é verdade que pedi baixa e fui para o hotel, com esgotamento físico. Foi a primeira vitória do treinador. Naqueles dias de repouso, lendo alguns jornais, percebi que até aquele momento eu era o único jogador de nacionalidade brasileira que havia na França para disputar o campeonato. E de imediato percebi que o sonho de cada dirigente de clube era ter seus jogadores estrangeiros da África, Ásia ou de alguns países europeus.

Depois de alguns dias voltei ao baile e começaram os treinos com bola, e senti que iria reviver as minhas alegrias. Na arte de tocar a bola me sentia absoluto. Modéstia à parte, poderia trabalhar em qualquer circo do mundo. Esse ligeiro treinamento com bola foi inesquecível. Uma coisa é certa. Havia bolas à vontade e, sendo assim, tomei uma para mim e fiz do campo um picadeiro de circo. Com a posse da bola, dei uma volta no campo fazendo embaixadas, dando chaleiras e levando a bola até a cabeça, descia no ombro, trazia na coxa, depois prendia no pé sem cair, e quando a bola descia no chão dava uma lambreta, fazendo a bola vir de trás do corpo até o pé, passando pela minha cabeça. Os "cornetas" que foram ao treino naquele dia vibraram intensamente. Os meus companheiros Firout, Belver, Carré e Boniface aplaudiram. O treinador não gostou muito, e deu várias entrevistas declarando que não se surpreendeu com a técnica apurada do brasileiro, porque em geral os sul-americanos "são malabaristas, mas nos jogos muito inconstantes". Elie Rous deveria se lembrar que os sul-americanos até aquele momento, eram bicampeões olímpicos e bicampeões da Copa Jules Rimet, portanto a carapuça não serviria. Os simpatizantes do clube que estavam presentes no treino me deram muito apoio, assim como alguns jornalistas de Paris, como Fernand Albared e Gabriel Hanot. Porém, eu sentia que para convencer o treinador precisaria de algo mais concreto, mais prático e objetivo.

Eu via nos futebolistas franceses uma constituição física quase perfeita, rápidos sem a bola, treinando com muita seriedade e determinação, mas tecnicamente "rudimentares". O ambiente nos treinos não era tão alegre e sadio como na América do Sul. Os jogadores formavam grupos como no exército, estabelecendo-se uma espécie de guerra-fria entre mim e o treinador. A tábua de salvação seriam os jogos amistosos, porque estava muito bem preparado, tanto moral como física e tecnicamente, e além do mais a nova diretoria do Torino da Itália me via com bons olhos. O Comendador Ferrucio Novo (presidente do Torino da Itália) recebeu informações de Renato Cesarini (meu ex-técnico no Boca Juniors da Argentina) a meu respeito e se interessou muito pela minha contratação. (Para os que não sabem, o time do Torino foi vítima de um desastre aéreo no dia 4 de julho de 1949, em Superga. Ele retornava de uma partida beneficente jogada em Portugal, em prol do futebolista português Ferreira. Morreram no acidente, além da tripulação, todos os passageiros, incluindo aí os jogadores e alguns dirigentes. Essa tragédia fez com que a nova diretoria trabalhasse com muito empenho, a fim de formar um time forte para disputar o Campeonato Italiano, honrar as tradições de seus antepassados e zelar pelo nome daqueles que faleceram).

Depois de muita insistência, resolvi aceitar o convite de Madot e Carine, para comemorar a reabertura do Hotel Durante, numa boate "existencialista" de nome Le Vieux Colombier, em Juan les Pins, cidade exclusiva para veraneio, bem ao lado de Cannes. Luly me acompanhou juntamente com alguns amigos, inclusive as promotoras da festa, Carine e Madot. O animador do Vieux Colombier era René Le Grand, famoso em toda a Europa, e um tipo muito legal, inteligente, poliglota e um amante do futebol. O ambiente da casa era totalmente existencialista, e retratava fielmente a doutrina de Jean Paul Sartre. As grandes atrações vinham de Paris. A boate se apresentava como "um circo ao ar livre", tendo no fundo um salão coberto, para no caso de mau tempo a festa poder continuar. Esse salão extra seria uma espécie de "Beco da Salvação". O famoso conjunto musical existencialista de Claude Luter tinha presença permanente na boate. René Le Grand era um *show* à parte, imitando cantores, contando anedotas, fazendo mímicas e promovendo competições sadias, oferecendo prêmios aos participantes. Dentre as competições mais interessantes e divertidas, a preferida do público era a Maratona Dançante do Tomate e do Limão: os pares deveriam iniciar a competição com "os rostos colados no limão", sempre dançando, com os estilos musicais executados variando a cada momento, sendo desclassificados os que deixavam cair o limão. Os quatro finalistas deveriam trocar o limão pelo tomate, e nessas condições seria decretado vencedor o casal que conservasse o tomate colado rosto-a-rosto sem cair. Outra competição muito interessante era o "sim ou não", em que René fazia perguntas rápidas para que os participantes respondessem, sem incluir as palavras "sim" ou "não". Gostei muito de Juan les Pins e prometi a René retornar a fim de festejar a assinatura de meu contrato. Minha namorada sentia-se muito feliz pela *soirée* no Vieux Colombier, assim como Carine e Madot pela reabertura do Hotel Durante.

Depois de alguns minutos de minha chegada ao hotel, já tendo amanhecido o dia, encontrei Elie Rous, que me avisou do primeiro teste, o qual seria contra um time amador da região, no Estádio Saint Agoustin, dentro de algumas horas, e me felicitou por estar de pé em boa hora (mas, pelo seu tom de voz irônico, ele bem sabia que eu chegara naquele momento; porém, eu sabia que isso não me afetaria em nada, pois já havia perdido a conta das vezes que treinara sem dormir).

Finalmente chegou o dia da verdade. Estádio completamente lotado. Muitos turistas, alguns jornalistas e em especial meus amigos, as turmas do Forum Plage e Opera Plage (todos reunidos pelo amigo Charles em meu benefício). O jogo foi fácil demais. Tirei de letra. Fiz três gols e "um abraço". A turma do contra ficou preocupada. Como é gostoso ser brasileiro nessa hora. A contagem foi 6x0.

O segundo teste foi contra o E. C. Toulon, em Toulon. Era um clube tradicional, apesar de curtir na época a Segunda Divisão. Nos dias que precederam a partida fiquei fortemente gripado, mas tinha condições de jogar pelo menos um tempo. Minha presença era obrigatória (portanto, o clube começava a faturar com a minha presença, e eu ainda fazendo testes para permanecer). Entrei no segundo tempo e Nice perdia por 3x0. O jogo foi relativamente fácil. O adversário estava cansado e já não corria tanto, assim conseguimos empatar.

Passamos uma semana tranquila. Finalmente chegamos ao teste definitivo contra o Flori Sport de Viena (Áustria). Antes do jogo, Sapone (o alfaiate preferido do grande pintor espanhol Pablo Picasso) veio me visitar em companhia de um tal de Caprioli. Este italiano de San Remo foi categórico: "Se Nice não estiver de acordo para a assinatura de um contrato com você, eu tenho vários clubes na Itália que estão interessados em contratá-lo".

Eu agradeci a Caprioli a sua proposta, e pedi a ele que esperasse o meu último teste, para tomarmos uma resolução definitiva sobre o assunto. Ao entrar em campo, o treinador Elie Rous deu a entender que, mesmo que eu jogasse uma grande partida, não seria contratado, porque o meu estilo de jogo não convinha ao clube.

Porém, o treinador mal sabia que eu não entraria em campo, enquanto o presidente não me trouxesse o salário pelos 30 dias que trabalhei (pensei comigo). O estádio estava superlotado por minha causa, em virtude da grande publicidade em torno do meu nome que o clube havia feito nos jornais, sem contar os cartazes espalhados por toda a Costa Azul, com os seguintes dizeres:

"*Olympique Gymnaste Club de Nice, avec Yeso Amalfi x Flori Sport de Viene*".

Com todos esses cartazes, eles já estavam faturando com meu nome. Quando faltavam uns 20 minutos para o início do jogo, chegou o presidente com o meu pagamento, em dinheiro vivo, e tudo bem. Chamei minha namorada e pedi a ela para que guardasse. Com essa situação resolvida, fui para o vestiário me preparar para jogar.

O jogo foi muito difícil, mas vencemos por 2x1 e fiz uma grande partida. Quando o juiz apitou o final da partida, todos os jogadores correram para me abraçar, especialmente Rossi, Boniface, Carré, Firout, Pedini e Belver. Fui muito aplaudido pelo público, que incluía Pablo Picasso e Jean Cocteau, que estavam nas tribunas ao lado dos dirigentes do clube e pediram de imediato a minha contratação.

Bogossian chegou de surpresa. Ficou eufórico com minha atuação e com o apoio total do público. Com todo esse sucesso, não entrei nos vestiários, saindo pela porta dos fundos e entrando rapidamente no carro de Luly em direção ao hotel. Tomei banho rapidamente, troquei de roupa e fui diretamente a uma festa oferecida pelos meus amigos para homenagear a "minha perseverança e a minha vontade de vencer". A festa aconteceu na Brasserie Madrid. Centenas de pessoas estiveram presentes. Entre os convidados estavam Emile Laurence (jornalista e diretor do clube); as famílias Pelero e Nani (as quais eram muito consideradas pelo general de Gaulle, devido aos relevantes serviços prestados à França durante a Segunda Guerra), Mario e Sapone (amigos e alfaiates de Picasso), Fiorito (o "Siciliano"), amigos como Dodo, Lalu, Charles e toda a turma do Opera Plage e Forum Plage. Luly chegou mais tarde, com Carine e Madot. Foi um dos momentos mais agradáveis que passei em minha vida. Agradeci a todos, mas naquele instante de tantas emoções não poderia deixar de agradecer em particular à família de Carine e Madot, proprietária do Hotel Durante, e a minha namorada Luly, que estiveram comigo nos momentos mais difíceis.

No domingo (o dia seguinte à festa) todos os jornais faziam rasgados elogios a meu respeito, apontando-me como "A grande sensação do Campeonato Francês" que começaria em breve. Pela segunda vez consecutiva minha fotografia fora estampada na primeira página do jornal de esportes *L'Equipe*, de Paris (um dos mais conceituados da Europa e do mundo, mesmo nos dias atuais). Nesse mesmo dia encontrei o presidente do Nice em companhia de Bogossian, os quais me felicitaram pelo excelente desempenho durante a partida, e me convocaram para no dia seguinte acertarmos as bases e assinarmos o contrato. O presidente do Nice era uma ótima pessoa, mas seus afazeres não lhe davam muito tempo para se ocupar do clube, e por essas razões não sabia de meus problemas com o treinador. Eu pedi então dois dias para refletir, porque estava um tanto desgastado e tinha viagem marcada para Turim. O presidente acatou meu pedido, aconselhando-me a ter muita calma e acreditar na sua sinceridade, porque ele iria cumprir à risca as bases de meu contrato com o clube, aceitaria todas as minhas reivindicações e eu receberia tudo que ele havia prometido antes dos testes.

Saí de bem com o presidente, porém ele não sabia de minhas intenções naquele momento, sobretudo em relação ao contrato. Antes de tudo, meu pensamento estava voltado para Turim, porque havia prometido fazer um treino, para que os dirigentes italianos, assim como o treinador, pudessem analisar minhas condições físicas e técnicas para um futuro próximo. De toda maneira encontrava-me em grande forma e poderia treinar em qualquer time do mundo, que seria contratado de imediato.

Com esse estado de espírito fui para Turim fazer um teste. Viajei de madrugada e lá chegando fui direto para o Estádio do Torino, tomando parte num jogo treino contra o Brescia. Realizei um treino de primeira ordem, encantando a todos os presentes, e retornei a Nice consagrado, sabendo que as portas de Turim estavam abertas.

Ao chegar ao Hotel Durante, em Nice, vi que minha namorada guardara para mim um jornal esportivo, no qual havia uma reportagem escrita por Fernand Albared, enviado especial do jornal *L'Equipe*, elogiando-me de maneira surpreendente, avisando ao público que, quando eu participasse de um jogo, não perdessem o espetáculo, em especial as mulheres. Uma grande parte dos jornalistas, em particular aqueles da Costa Azul, sabiam que eu estava sempre em companhia de três lindas mulheres, sendo duas louras e uma morena. Acontece que uma das louras era minha namorada, e as outras duas eram filhas do proprietário do Hotel Durante, onde eu residia. Essas moças foram a razão do meu sucesso.

Mais tarde Fernand Albared comentaria "a minha garbosidade, o meu profundo respeito pelas mulheres (com muita sutileza e carinho), e como eu agia parecido com uma bola durante um jogo". Logicamente que sempre fui galante e delicado para com elas, porque para mim foi a coisa mais linda e sublime que Deus criou (talvez por essa razão e outras mais o cineasta Roger Vadim produziu dois filmes imortais: *E Deus Criou a Mulher*, com a inesquecível Brigitte Bardot, e *Barbarela*, com a sublime e sensual Jane Fonda). A mentalidade que encontrei em Nice (de alguns responsáveis pelo clube) me obrigou a ser galante e algumas vezes tagarela.

Após o meu "falso repouso" autorizado pelo presidente, Bogossian e eu fomos recebidos oficialmente no clube, para resolvermos de vez a minha situação, que já se arrastava por algum tempo. Além do presidente, faziam parte da reunião o diretor de futebol e o tesoureiro. Eles foram lacônicos e objetivos, dizendo-me que a minha contratação havia sido aprovada por unanimidade, e que os documentos do clube estavam prontos para a assinatura do contrato. Agradeci a todos pela deferência, mas pedi mais um dia para refletir sobre o assunto, o que me foi concedido de imediato. Voltei no dia seguinte na mesma hora e expus minhas condições irrevogáveis, dizendo que as bases do contrato não seriam as mesmas, em virtude de não ter sido contratado diretamente, sendo obrigado a fazer testes, quando vinha da América do Sul como um jogador de primeira linha, muito jovem e com um grande futuro pela frente, tendo passado por clubes de alto gabarito internacional, como São Paulo F.C., Boca Juniors e Peñarol, portanto não haveria (a meu ver) necessidade de fazer testes. Sendo assim, pedi o dobro do combinado entre luvas e ordenados, quatro passagens para o Brasil (ida e volta de avião ou navio de acordo com as circunstâncias), continuar morando no mesmo hotel, um carro esporte Fiat, e talvez mais adiante um apartamento mobiliado. Ao terminar de fazer minha proposta, despedi-me de todos com muito respeito e avisei-lhes que estaria no hotel com Bogossian, que naquele momento representava o Peñarol, aguardando uma resposta definitiva, não aceitando qualquer tipo de redução.

A sorte estava lançada e era só esperar com paciência. Ao chegarmos ao hotel, pedi a Bogossian que marcasse um telefonema com o presidente do Peñarol para o dia seguinte (porque na época não havia ligação direta). Graças a Deus não foi necessário tal telefonema, porque o presidente do Nice telefonou e disse que todos os diretores do clube estavam de acordo com minhas reivindicações. Bogossian passou um *cable* ao Peñarol, avisando que o presidente do Nice estava de acordo com o preço da transferência, aceitando também as condições impostas por Yeso Amalfi, por um contrato de dois anos, e que o dinheiro da transferência seria enviado para o Peñarol no momento em que a Federação Uruguaia de Futebol liberasse Yeso Amalfi para o Olympique Gymnaste Club de Nice. Fiquei surpreso com a mudança de situação, pela facilidade das coisas em meu benefício.

Não joguei as duas primeiras partidas após ter assinado o contrato, porque ainda não estava liberado pelo Peñarol, e Nice perdeu as duas. Os jornais escreveram que eu estava sendo boicotado pelo treinador. O público protestava acintosamente. Eu treinava com muita seriedade em período integral, evitando declarações, porém esperando com ansiedade, não pelo que poderia receber, mas acima de tudo pela vontade de jogar futebol, que no momento era a única coisa que me interessava.

Naquele momento tudo parecia complicado no futebol francês. Apesar de o treinador ser muito exigente, ele não me molestava, tratando-me com muito respeito. Nenhum diretor do clube comparecia aos treinos, e dessa maneira eles não sabiam das condições dos jogadores e acreditavam no relatório que o treinador fazia durante a semana antes dos jogos, onde alegava que mesmo com a chegada da minha liberação eu não jogaria, porque minha adaptação ao seu sistema de jogo demoraria um certo tempo. O ritmo dos treinos era verdadeiramente cansativo e eu não suportava mais aquele embalo alucinante.

Fui obrigado a comprar um colchão pneumático e me estender sobre ele diariamente no ponto do ônibus enquanto esperava a condução para retornar ao hotel. A minha situação era incômoda e irritante, porque sem a liberação eu continuava "na estaca zero". Um certo dia comprei um litro de leite e me deitei sobre o colchão. Estava tão cansado que dormi, causando enorme confusão no trânsito. Alguns guardas me despertaram educadamente, e quando abri os olhos, alguns curiosos me cercaram estupefatos, porém sem dirigir a mim qualquer tipo de ofensa. Não sei como, a minha fotografia apareceu em vários jornais no dia seguinte. Percebi pelos jornais que o sensacionalismo era a arma do negócio. Depois daquele "sono profundo", chegaram à conclusão de que eu era polêmico, fantasista, temperamental e sobretudo supersticioso como a maior parte dos jogadores brasileiros. Os jornalistas devem ter compreendido que eu descansava sem molestar ninguém, e que o sono e o cansaço são irrefreáveis, sobretudo da maneira como nós treinávamos. Poderia logicamente ter algumas daquelas qualidades, porém não todas, o que seria um exagero. Analisando essa variedade de adjetivos em minha homenagem, vai o meu ponto de vista sobre essas atribuições: No meu parecer e de acordo com a maioria dos dicionários da língua portuguesa, jogador fantasista é aquele jogador criativo, caprichoso, imaginoso e excêntrico. Polêmico é o jogador radical, sensível, o qual não aceita críticas e procura sempre discussões. Temperamental é o jogador que tem caráter instável e sobretudo muito emotivo. Supersticioso, confesso que sou, como a maioria dos brasileiros. Para mim superstição é um sentimento religioso baseado na lei de Deus. Sempre rezei. Carrego no peito uma medalha de Nossa Senhora e um crucifixo em homenagem a Nosso Senhor Jesus Cristo. Outras vezes trago o "Tau" de São Francisco de Assis[4]. Quando não trago comigo esses colares, sinto-me desprotegido. A minha superstição jamais foi baseada no temor ou na ignorância, o que nos leva a falsos deveres, acreditando em coisas fantásticas e à fidelidade a coisas ineficazes. No fundo sou criativo, idealista, sonhador, dependente logicamente do parecer das pessoas que me conhecem ou me conheceram.

Depois de um longo período de treinamento chegou a tão sonhada liberação do Peñarol, para continuar a minha carreira futebolística na França. Verdadeiramente radiante com a notícia, fui ao clube acertar todos os detalhes, de acordo com o compromisso assinado, ou seja, receber as luvas e o carro. Mas infelizmente, como de costume, o presidente estava viajando por assuntos particulares, e assim fui obrigado a esperar pelo seu regresso. Naquele momento o responsável pelo clube era o sr. Albert, que mesmo com a ordem deixada pelo presidente, recusou-se a pagar, temendo que eu fugisse para a Colômbia, a fim de integrar-me à Liga Pirata de Futebol, quando todos sabiam que eu já estivera na Colômbia, passando pelo Uruguai com destino à França. O sr. Albert era o retrato fiel do Amigo da Onça, uma figura que aparecia com destaque na saudosa revista *O Cruzeiro*. O sr. Albert era um amigo da onça falso e mentiroso, daqueles tipos que quando conversam não olham para a frente.

Visto isso, abandonei a concentração e me recolhi, como de costume, no Hotel Durante, que era minha tábua de salvação, não aparecendo para jogar. No jogo seguinte Nice conseguiu empatar a duras penas. Senti que essa situação iria longe. Deixei um aviso prévio ao sr. Albert que retornaria ao Brasil sem remissão. Bogossian, ao tomar conhecimento dessa situação desagradável, viajou imediatamente para Nice. Tivemos uma discussão acirrada com o sr. Albert, o qual nos garantiu que no retorno do próximo jogo em Sochaux ele cumpriria o prometido. Como bom samaritano, aceitei o pedido.

Na manhã da viagem a Sochaux fazia muito calor em Nice e, sendo assim,

---

4 *O Tau é a última letra do alfabeto hebraico. Décima nona letra do alfabeto grego. Signo bíblico usado pelo profeta Ezequiel, é também a recordação de meu batismo.*

apresentei-me inocentemente na estação ferroviária de bermudas, camiseta e sandálias, enquanto meus colegas se encontravam bem vestidos e agasalhados. Quanto a mim, não levava bagagem, porque dei meus pertences a Firout para que colocasse em sua valise. Tão logo meus companheiros notaram minha presença, vestindo trajes leves e sem bagagem, ficaram surpresos. Em seguida chegou o presidente, uma alegria para todos, por ser um bom homem, a quem há muito tempo não víamos em razão de suas inúmeras viagens, por ser um importante homem de negócios. Cumprimentou-me um tanto assustado e me perguntou o que estava acontecendo. Respondi-lhe que me encontrava bem e pronto para jogar em Sochaux, sem qualquer problema, e assim o presidente respirou aliviado, sorrindo de satisfação. Meus companheiro riram a valer e Firout comentou seriamente: "Esse brasileiro é cheio de mistérios: viaja para o leste como se fosse dar uma volta nas praias de Nice", e pôs-se a rir.

Quanto a mim, não ri quando no dia seguinte pela manhã chegamos em Sochaux. Os vidros do compartimento do trem estavam embaçados, por uma espécie de neblina grossa e fria, parecendo coco ralado. Quando desembarcamos do trem notei que fazia um frio de rachar, e meu nariz foi o mais atingido. Dei um pique e fui direto para a sala do chefe da Estação. Logo em seguida me arrumaram um passa-montanha, espécie de gorro de lã, que deixa apenas a boca de fora. Nunca pude imaginar que a França fosse o país das quatro estações de uma só vez e que o céu, tão azul em Nice, fosse tão cinzento em Sochaux. E foi assim que tomei conhecimento do clima na França (e certamente nunca mais cometeria esse erro ingênuo). Fiz uma boa partida, porém menos brilhante que as demais. A crônica esportiva me elogiou muito, pela minha postura e dedicação, deixando de lado o meu virtuosismo, dedicando-me ao conjunto e a solidariedade da equipe.

No retorno de Sochaux, o diretor de futebol, sr. Albert, comunicou-me que eu seria pago logo após o jogo de Nimes, metade em cheque e a outra parte com a renda do jogo. Não reclamei porque já estava desiludido com o clube e com alguns diretores, em particular com o sr. Albert, um verdadeiro "vaselina".

Resolvi aceitar a proposta do Torino e retornar à Itália. Saí de madrugada no carro de Mario Alfaiate, em direção da San Remo, onde Sapone nos esperava com Caprioli, representante do Torino. Chegamos a Turim ao meio-dia, almoçamos no Chez Tereza e fomos para o Estádio do Torino. Ficamos alojados na casa do zelador, onde o presidente do Torino nos esperava. O Campeonato Italiano ainda não havia começado e os clubes estavam em preparativos, especialmente o Torino, que procurava montar um novo time. Fui para o treino secretamente a fim de evitar comentários. Minha chegada foi contornada por grande mistério, até o início do treino.

No time do Torino, nesse meu segundo treino, encontrei os jogadores Santos (que chegara da Argentina e que jogara com José Poy no Rosario Central) e Carapelese (que veio com a seleção italiana para a Copa do Mundo em 1958 no Brasil). Apesar de me conhecerem, receberam ordens de me ignorar. Treinei apenas 45 minutos, como o fizera na primeira vez, e fui aprovado por unanimidade. Quando todos me esperavam para o segundo tempo, nós (eu, Mário e Sapone) já estávamos a caminho de volta para Nice. O público no treino era numeroso, afluência comum antes do início do campeonato na Itália. No dia seguinte os jornais de Turim publicaram que um jogador sul-americano treinou no Torino com grande destaque, encantando o público presente. Vim a saber depois que eu havia feito um jogo treino contra o Brescia. Fui chamado pelos italianos de *Mister X*. Os jornalistas italianos descreveram tão bem a minha maneira de jogar que descobriram facilmente a minha identidade, principalmente as pessoas ligadas ao futebol.

Na semana seguinte o Torino fez uma proposta irrecusável pela minha transferência, enquanto o Nice era batido novamente e continuava nos últimos lugares, e a situação se tornava cada vez mais dramática. A oferta do Torino e a pressão do público fizeram com que os dirigentes mudassem as suas atitudes. Depois de três meses de espera, recebi as luvas e o carro. Eles me disseram que tinham confiança em mim, mas em virtude do comportamento de outros jogadores sul-americanos foram obrigados a segurar o meu passaporte. Eles estavam equivocados, porque meu grande desejo seria permanecer em Nice. Acostumara-me com a cidade e criara por ela um grande afeto. Eu era vigiado por policiais, porque alguns dirigentes mal intencionados pensavam que eu fugiria de Nice após receber o dinheiro, como se dizia em toda a França.

O público esperava ansiosamente que minha situação fosse resolvida o mais breve possível para que eu pudesse tomar meu posto de titular no time. Pois bem, foi exatamente o contrário que aconteceu. Permaneci dois meses na reserva injustamente. Até hoje não sei o motivo que me levou a essa situação desagradável. Somente o treinador poderia ter feito esse disparate. A minha superioridade técnica sobre os demais era evidente, e a cada dia que passava eu me sentia cada vez melhor fisicamente. Enfim, na gíria futebolística, eu me encontrava "na ponta dos cascos". Sentia que meu grande momento se aproximava e as coisas boas viriam ao meu encontro.

    Finalmente surgiu a oportunidade no dia 26 de novembro de 1950, contra Strasburgo, líder do campeonato, graças à intervenção de Firout, Carré, Berver e Boniface. Na quinta-feira antes do jogo contra Strasburgo, houve um treino em conjunto entre titulares e reservas. Eu estava entre os reservas, quando num certo momento do treino recebi a bola na nossa defesa, e numa jogada individual driblei quase todo o time titular inclusive o goleiro, e fiz um gol de letra. Logo em seguida peguei a bola com as mãos, tirei a camisa fui ao banco do treinador e joguei a bola e a camisa no rosto dele e fui embora para o hotel. Após esse desfecho, o treinador suspendeu o treino e como de costume fez o relatório e foi levar para o presidente. A atitude do treinador de nada adiantou, porque alguns jogadores comandados por Firout se anteciparam. Chegando ao escritório do presidente, relataram o acontecimento, pedindo a minha efetivação no time, porque entre os jogadores eles achavam que eu era de longe o melhor, e por essa razão alguma coisa errada estava acontecendo. O presidente concordou plenamente e, no momento de receber o relatório do treinador, exigiu minha presença no time sem qualquer contestação. E foi exatamente o que aconteceu. Ganhamos o jogo pela contagem de 4x1, fiz dois gols e fui o melhor jogador em campo. Recorde de arrecadação e de público em Nice (até aquela época).

    O time se reencontrou e ganhamos mais duas partidas. Bogossian ficou tão eufórico que veio assistir um jogo amistoso contra a Marinha americana, criticando violentamente o treinador e o sr. Albert. Terminada a partida solicitei ao presidente do clube uma reunião com os jogadores, membros da diretoria, jornalistas e em especial o sr. Elie Rous. Essa reunião foi histórica e inesquecível, com o comparecimento total das pessoas convidadas (inclusive de Bogossian). Pedi a palavra. Repeti várias vezes que estava na França para jogar futebol e mostrar a arte e a beleza do futebol brasileiro. Expliquei a todos os presentes que fora vítima da alergia que o treinador tinha para com os jogadores sul-americanos, especialmente contra a minha pessoa, sem saber o motivo exato. Depois de explicar as minhas razões, afirmei categoricamente que a diretoria iria escolher, entre mim e o treinador, qual dos dois permaneceria no clube, e se porventura eu tivesse um voto contrário regressaria ao Brasil, continuando a minha carreira futebolística, porque não era escravo de ninguém. Sem qualquer tipo de alternativa, o treinador foi dispensado.

Ficou no cargo o diretor de futebol e ex-jogador do clube Lardi, passando essa função mais tarde a Numa Andoire, treinador dos amadores, o qual muito me havia ajudado nos momentos difíceis. Foi meu primeiro triunfo pessoal, depois de 5 meses de sofrimento. Começava assim uma nova fase no clube. Numa Andoire conhecia bem o caráter do jogador sul-americano, assim como sua maneira de treinar e jogar, e além do mais foi um excelente jogador de futebol, chegando a integrar a seleção francesa na Copa do Mundo de 1930 no Uruguai.

Numa Andoire estreou como treinador do Nice em Rennes, na região da Bretanha, em janeiro de 1951 em pleno inverno. Foi um dia marcante na história de minha vida. Conheci Luizon Bobet, um dos melhores ciclistas franceses de todos os tempos, o qual nos deu a honra de dar o pontapé inicial nessa partida. Formava com os italianos Gino Bartali e Fausto Copi o trio de ouro do ciclismo mundial. Eram bons amigos, mas foram rivais eternos nas famosas provas internacionais (como Giro D'Italia, Tour de France e Six Jours de Paris).

Conheci em Rennes o verdadeiro inverno glacial. O campo de futebol parecia um *rink* de patinação. Jamais poderia imaginar que se jogasse futebol num terreno congelado. Depois de jogar alguns minutos, me adaptei normalmente e gostei dessa nova sensação. Antes de entrar em campo sentia muito frio, principalmente nas mãos, tanto que fui obrigado a pedir o par de luvas ao próprio presidente do clube, sr. Sattegna. A salvação seria correr o tempo todo. Posso afirmar que nessa partida os jogadores suecos Bergston e Samuelson sentiram mais frio que eu, porque me movimentei durante os 90 minutos. Depois de tanta correria, fui obrigado a tirar as luvas e pedir ao árbitro para guardá-las. Essa cena tornou-se muito pitoresca e largamente comentada, porque o juiz inocentemente parou o jogo, recebendo do público uma tremenda vaia, por ser interpretada com um certo exagero.

Outro jogo importante e polêmico foi o contra o Racing Club de Paris. Jogo extremamente importante para mim, em razão das declarações do sr. Marcel Galley, diretor de futebol do Racing, de que as enormes chuvas que caíram na Costa Azul durante a semana prejudicariam a minha atuação, pelo estado lastimável do campo de jogo, pesado e escorregadio. Mal sabia o sr. Marcel Galley que os brasileiros, ao contrário dos argentinos, eram mestres em terrenos lamacentos e alagados. Ganhamos o jogo com extrema facilidade. O resultado foi implacável: 3x0 na cabeça. Tive o privilégio de terminar o jogo com meu uniforme intacto, enquanto os demais terminaram a partida enlameados. Dei uma de Domingos da Guia, o qual nunca deu carrinho em bolas divididas, jogando de pé, no mesmo estilo de Nilton Santos e Nestor Rossi.

Meu prestígio crescia na França de maneira assustadora e com mais intensidade na Costa Azul, com superlotação nos jogos. Batíamos todos os recordes de arrecadação, mas sentia que esse sucesso não duraria muito tempo, porque dentro do clube havia muita inveja, política e interesses financeiros. Sempre após uma vitória nós festejávamos na Brasserie Madrid, ponto preferido dos Amalfistas. A cada jogo aumentava o número de adeptos. Um dos mais ardentes membros do nosso clube era o prefeito de Nice, Mr. George Hutin, mais tarde nomeado governador do Marrocos.

Acompanhava algumas vezes o prefeito, geralmente em obras assistenciais, em benefício da população mais carente. Uma certa ocasião fui convidado pelo prefeito para acompanhá-lo numa recepção oficial em Marselha, no quartel da Legião Estrangeira. Justamente nosso jogo seria em Marselha contra o Olimpique, clube da cidade. O tempo apresentava-se instável. Deveria partir imediatamente após o jogo. Não havendo tempo suficientemente para trocar de roupa, fui prático e objetivo, chegando ao estádio vestido com smoking e assistindo a preliminar ao lado do prefeito. No dia seguinte, os jornais noticiaram que somente um fantasista como o brasileiro Yeso Amalfi assistiria um jogo em traje a rigor, com um tempo chuvoso e uma temperatura instável. Eles não sabiam as razões, mas o público vibrava com essas excentricidades. Fiz aquilo apenas para ganhar tempo, quando eles interpretaram como mais uma de minhas fantasias.

Uma semana depois fomos a Paris jogar contra Strasburgo, pela semifinal da Copa da França. Jamais havia jogado lá e era uma grande chance para me consagrar, pois Paris era e continua sendo a Capital do Universo. Infelizmente perdemos a partida pela péssima atuação do árbitro e por um erro infantil de nossa defesa. Mesmo assim jogamos muito bem, e perdemos para um grande e leal adversário.

Essa derrota na Copa em nada influiu nos jogos de campeonato e nenhum clube conseguia parar a nossa ascensão. Estávamos perto de realizar um grande milagre: o de ganhar o Campeonato Francês, depois de um início tumultuado. A partida decisiva foi realizada no dia 29 de abril de 1951, contra nosso adversário direto, o F.C. de Lille. Os ingressos estavam esgotados. Grande parte da crônica esportiva da Europa estava presente, em especial da Itália e da Espanha. Antes do jogo conversei com Pierino Fratino e Vitorio Pozzo, jornalistas italianos de Turim. Na conversa que tive com eles antes do jogo, afirmaram com certeza absoluta que eu já era jogador do Torino e que, segundo informações de fontes seguras, o presidente do Torino havia presenteado a esposa de um influente diretor do Nice com um anel de brilhante (até os dias atuais não descobri o beneficiado). Outro interessado que estava presente era o sr. Heleno Herrera, treinador do Barcelona.

Enfim chegou a decisão, mas o time estava muito bem preparado. Em Nice nós jogávamos no sistema "clássico universal", que era o "2-3-5". Como eu era um jogador muito visado, eu fazia o primeiro homem do ataque pelo lado direito, mesmo jogando com a camisa 8 do meio do campo para a frente, levando sempre dois jogadores comigo (um deles dava o primeiro combate e o segundo ficava na sobra), abrindo espaço para Courteaux e Bergston, que eram rápidos e bons na conclusão das jogadas. Essa maneira de jogar era muito comum na América do Sul e o time do Nice se adaptou perfeitamente a esse sistema. Assim o Lille foi batido facilmente. Conseguimos nos reabilitar do último fracasso contra o Strasburgo. Chegamos a uma situação privilegiada, faltando apenas uma partida com o Stade Français em Paris para ganharmos o título de campeão francês. E foi o que aconteceu no domingo seguinte, quando Nice venceu inapelavelmente por 4 x 0, e fomos sagrados campeões "contra tudo e contra todos", porque quando entrei no time lutávamos para não cair para a segunda divisão. Todos os jornais da França e dos países próximos saudavam essa grande conquista, e Gabriel Hanot escreveu um artigo muito interessante, na revista *France Football*, assim publicado:

"Tivemos a prova domingo que Amalfi para dar sua medida precisa de espaço: ele gosta muito de jogar, repudia a luta, e recusa frequentemente a dar o mínimo esforço de correr e captar a bola dirigida ao seu lado por um companheiro. Onze Amalfis numa equipe não: isto seria 11 individualidades que se contrariariam a cada minuto. Mas um Amalfi sim. Sim, apesar de seu caráter fantasista e de seu senso de humor. Mas ficará ele em Nice? O presidente do clube, sr. Sattegna, nos declarou domingo: – Amalfi é nosso, nós temos todos os direitos sobre ele, mas ele sonha partir para a Itália, por isso não estamos seguros de guardá-lo. Puro-sangue do futebol, bem proporcionado, elegante, o bigode negro que cobre os lábios, como todos os jovens sul-americanos modernos, romântico, supremamente desprendido das coisas, Amalfi restará um belo tenebroso, mesmo para os dirigentes que o conhecem melhor. Caso ele permaneça na França todos os amigos do futebol, eu digo os verdadeiros, se rejubilarão. Caso ele nos abandone, deixará uma recordação do melhor jogador de futebol que jamais figurou numa equipe francesa."

Com essa declaração do presidente, virtualmente já estava concretizada a minha transferência para o Torino, pouco mais de uma semana antes do jogo decisivo. Assim, aos olhos dos dirigentes, os meus defeitos tinham se transformado em boas qualidades. A vida é sempre assim, cheia de surpresas e alternativas, e não poderia fazer nada. O clube tinha todo o direito de me transferir, mas não de mentir aos torcedores do clube, alegando que eu era um aventureiro, com o firme propósito de abandonar o clube. Logicamente que na minha chegada, pelos momentos difíceis que passei em Nice, tive sim essa intenção, porque o clube não cumpria os compromissos e o treinador era falso e desonesto. Meu desejo, porém, foi sempre continuar em Nice.

Com o término do campeonato e com a nossa grande conquista, foi organizada uma grande festa pelo Comitê da Municipalidade. Apesar de ganharmos o campeonato, entusiasticamente festejado na Costa Azul, depois de um início cheio de intrigas, de ciúmes, de mentiras, de inveja, eu ainda me sentia frustrado, pela traição da maioria dos dirigentes, que afirmavam a minha intenção de abandonar o clube e ir para a Itália. Talvez eles não soubessem que, durante a minha passagem pela América do Sul, recebi inúmeras propostas para jogar na Itália e não aceitara, porque meu grande desejo era jogar na França e futuramente estudar em Montpellier ou na Universidade de Sorbonne em Paris. Na Itália seria mais fácil jogar como *oriundi* por ser de origem italiana. Inúmeras vezes Oliviere, Renato Cezarini, Meazza, Parola e mesmo Boniperti me convidaram para jogar na Italia, e eu sempre recusava por um motivo mais forte. Esse motivo se chamava França.

Finalmente, para acabar com essa amargura, recebemos um convite especial, para competirmos na Copa Rio, em território brasileiro. Graças ao bom relacionamento que tinha no Brasil, muito contribuí para essa viagem e assim os dirigentes de Nice deixaram de comentar minha saída do clube, porque minha presença na Copa Rio era obrigatória de acordo com o contrato. Esse torneio era de suma importância para o clube de Nice, e sendo assim retardaram a minha transferência para a Itália. Naquele momento chegaram a Nice cinco jogadores sul-americanos, sendo quatro argentinos e um brasileiro: Carniglia, Montanholi, Muro e Gonzalez, argentinos; e o brasileiro Nelson Zeglio. Fui escolhido por Bogossian e Conrado Ross para guiá-los, a fim de evitar transtornos, como acontecera comigo, antes de minha consagração. Conhecia todos e, por serem bons jogadores e ótimos companheiros, não haveria necessidade de empurrá-los, tanto é verdade que foram contratados imediatamente. O único que estava um pouco gordo e fora de forma era Carniglia, a quem fiz saber que quanto à parte técnica não teria problemas, mas o importante no futebol francês era o condicionamento físico, e por isso deveria cuidar bem dessa parte, pois a primeira impressão seria determinante no seu caso. De toda maneira estava a seu lado para qualquer eventualidade[5].

    Nelson Zeglio, Muro e Montagnoli foram contratados de imediato pelo Sochaux. Quanto a Gonzalez, apesar de ser um grande jogador, a sua situação era mais difícil, porque os clubes franceses davam preferência aos atacantes. Bogossian explicara esses problemas a Gonzalez, antes de sair do Uruguai, dizendo-lhe que para viajar com os demais jogadores teria que pagar a sua passagem. Fiquei muito aborrecido com Bogossian por não ter colaborado com Gonzalez, que chegou à França por seus próprios meios. Prometi ajudá-lo, como eu havia feito com os demais. Apresentei Gonzalez aos dirigentes do Nice, afirmando que ele seria um precioso reforço para nossa *tournée* ao Brasil. O primeiro teste de Gonzalez e Carniglia foi em Bastia, na Ilha da Córsega, terra natal de Napoleão Bonaparte. Felizmente se apresentaram muito bem e foram contratados. Por força do destino, na primeira semana após assinar contrato, Gonzalez conheceu uma moça e casou-se imediatamente.

---

5 *Luiz Carniglia foi um jogador importante, de técnica refinada, muito inteligente e prestou serviços relevantes ao Nice, não apenas como jogador, mas também como treinador. Permaneceu alguns anos em Nice, depois foi treinador do Milan, exatamente quando perdeu as finais para o Santos na Copa dos Campeões. Foi também treinador do Real Madrid, nos áureos tempos de Di Stefano, Puskas, Gento, Santa Maria etc.*

Quando viajamos para disputar a Copa Rio, a equipe do Nice contava com cinco jogadores estrangeiros: Bergston e Hjamerson (suecos), Carniglia e Gonzalez (argentinos) e eu. No Campeonato Francês muitos estrangeiros num só clube traria problemas, apesar de não haver limites na época. Para esse torneio internacional tudo bem, porque o principal seria fazer uma boa apresentação para o público brasileiro, sempre muito exigente. Devido às circunstâncias da viagem fui promovido a capitão, uma espécie de chefe da delegação. Fiquei muito lisonjeado com a função que me foi atribuída, e não me lembro até hoje de ter levado uma função tão a sério quanto essa.

Chegamos ao Rio de Janeiro na noite de 25 de junho de 1951. A viagem foi sem problemas. Tornou-se mais atraente quando o avião sobrevoou o Rio de Janeiro para que os franceses observassem as belezas naturais da cidade maravilhosa durante a noite. A volta sobre a Baía da Guanabara, feericamente iluminada, embalou de encantamento meus companheiros, dando a impressão de que estava contornada por um colar de pérolas. A chegada foi muito festiva e acolhedora da parte de jornalistas esportivos de rádios e jornais. Os franceses ficaram emocionados com as inúmeras manifestações de carinho e atenção. Para alguns foi muito útil para sentirem que o povo brasileiro é alegre e acolhedor. O Nice tinha alguma reputação no Brasil, graças às informações e aos recortes de jornais que eu enviava aos mais destacados jornalistas do Brasil, em especial a Pimenta Neto, Thomaz Mazzone e Geraldo Romualdo.

Depois de alguns poucos minutos os jornalistas já me perguntavam sobre o médico e o massagista da delegação. Respondi que por medida de economia eles não viriam, e que assim os franceses gostariam de conhecer e experimentar os métodos brasileiros. A minha resposta causou grande sensação, a tal ponto que no dia seguinte apareceram no Hotel Serrador muitos massagistas com fórmulas mágicas, para ensinar aos franceses esses novos métodos.

No dia seguinte embarcamos para São Paulo. Felizmente, chegando a São Paulo resolvi o problema da falta de massagista com a diretoria do Palmeiras, que patrocinava a Copa. Estreamos contra o Palmeiras no Pacaembu no dia 30. Nosso time era muito bom, mas o Palmeiras era melhor. O primeiro tempo terminou 0x0, e o Palmeiras não se encontrava sob a rígida marcação. Nós jogamos num 2-6-2, uma espécie de *beton* francês[6], semelhante à retranca

---

6 *Beton é uma espécie de concreto.*

suíça lançada no pelo famoso treinador Karl Rappan (a Suíça com esse sistema empatou com o Brasil por 2x2 no Pacaembu, na Copa de 1950, após ter empatado com a Inglaterra em Londres numa partida amistosa, pela contagem de 0x0). Esse tipo de marcação não impressionava muito os brasileiros, porque nós já conhecíamos a famosa cerradinha de Caetano de Domenico. Quem jogava assim, bem fechado, era o S.P.R, hoje Nacional A.C., e o C.A. Ypiranga, que infelizmente encerrou as atividades futebolísticas. Continuando com o jogo do Palmeiras, no primeiro tempo poderíamos ter decidido o jogo nos contra-ataques. Ao terminar o primeiro tempo, o treinador do Nice se entusiasmou e quis mudar a maneira de jogar, procurando um jogo mais ofensivo, e nessas condições me recusei a entrar para o segundo tempo, porque seria um suicídio dar liberdade ao Jair da Rosa Pinto, com Aquiles, Canhotinho e Rodrigues na frente. O Palmeiras marcou o primeiro gol, num pênalti escandaloso, mas mereceu a vitória, com a colaboração do nosso treinador pela ingenuidade que cometeu.

O segundo jogo foi com a Juventus da Itália, e perdemos por 3x2. No último jogo vencemos a Estrela Vermelha da Iugoslávia por 3x2. O Palmeiras ficou na final com a Juventus da Itália vencendo por 2x1, e assim conquistou essa "Pequena Copa do Mundo Interclubes", reabilitando o futebol brasileiro do fracasso de 1950.

Terminado o torneio, passamos uma semana no Rio de Janeiro provando os encantos e o charme de Copacabana. A equipe de Nice retornou e eu continuei minhas férias em São Paulo junto de meus familiares. Antes de partir, o treinador francês Numa Andoire me entregou duas cartas: uma do Torino da Itália e a outra de Heleno Herrera, treinador do Barcelona. Depois, muito emocionado, Numa Andoire, que eu havia colocado como treinador do Nice no lugar de Elie Rous, me confidenciou: "Yeso, não retorne mais a Nice, porque tem muita gente invejosa e outros problemas mais sérios, que um dia você saberá. Se hoje eu sou treinador do Nice, foi graças a você, mas se Deus quiser nos veremos um dia. Você continua sendo para mim o melhor número 8 do mundo".

E com essas palavras Andoire partiu com a delegação francesa, muito emocionado. Em seguida outros fatos viriam a acontecer na minha vida esportiva e particular. Durante os dias que seguiram, recebi vários telefonemas (da Itália, França e Espanha) na farmácia de meu pai, na Rua Maria Paula, bairro da Bela Vista. Os telefonemas tinham sempre o mesmo significado: qual seria o dia exato de meu retorno à Europa, nome da companhia aérea, escalas, dia exato, hotéis etc... E foi assim que soube de minha transferência para o clube italiano, o grande Torino. Os europeus naquele momento tinham o costume de transferir os seus jogadores sem consultá-los previamente, especialmente os estrangeiros, como se fôssemos uma mercadoria.

Mesmo depois de confirmada a minha transferência, tinha esperança de virar a mesa e continuar em Nice, justamente no momento em que dois sul-americanos me fariam companhia: Pancho Gonzalez e Luiz Carniglia. Essa situação turbulenta fez com que eu retornasse à França bem antes do término de minhas férias, nos últimos dias de agosto, avisando os diretores dos dois clubes e em especial Bogossian. Na primeira escala, em Lisboa, um representante do Torino pediu-me para trocar de avião e seguir diretamente para Roma, onde um diretor do clube me aguardava com um salvo-conduto para entrar na Itália legalmente. Respondi a ele que seguiria viagem até Paris e que durante o trajeto eu pensaria no meu futuro. Ao chegar ao Aeroporto de Orly, Bogossian estava à minha espera e fomos diretamente para o Hotel Lyon Palace. O ambiente em Paris estava agitado e, cansado de diz-que-diz-que, telefonei para a família Pelero em Nice, para que avisassem os amigos que eu chegaria no dia seguinte, às 11 horas da manhã no Aeroporto Central de Nice.

A minha chegada a Nice foi a surpresa mais feliz e sensacional de minha vida esportiva. Uma multidão indescritível gritava sobre as luzes de lampiões coloridos: "Yeso, Yeso, Yeso, fique em Nice, nós te amamos". A quantidade de carros era enorme, com muita música e alegria. Foi um triunfo, uma verdadeira revolução, a tal ponto que um contingente policial acompanhava o cortejo, em direção à Brasserie Madrid, onde sempre fora o ponto central de nossas comemorações. Depois de alguns minutos chegamos. A Brasserie estava maravilhosamente decorada com as cores do clube, vermelho e preto, num ambiente totalmente carnavalesco. Toda a diretoria compareceu, menos o sr. Albert, mas em compensação Luiz Carniglia, Pancho Gonzalez e minha namorada Luly estavam lá firmes e ligeiramente emocionados. Percebi que os diretores do clube estavam inconformados com o sucesso de minha chegada e ao mesmo tempo temerosos com o entusiasmo do público. Nessa noite segui as normas da educação, marcando uma reunião com a diretoria no dia seguinte, a fim de discutir a renovação do meu contrato. A festa foi madrugada adentro e, mesmo cansado da longa viagem e das emoções do meu retorno, fui o último a deixar os festejos.

Terminada a festa, Bogossian me acompanhou até o Hotel Durante juntamente com Luly. Lá chegando perguntei a ele qual era exatamente a minha situação com o clube naquele momento. Bogossian respondeu-me categoricamente: "Yeso, essa reunião marcada com a diretoria não servirá para nada, porque o Torino já comprou seu passe, faltando apenas você discutir as bases de seu contrato, que o Torino aceitará." Mesmo sabendo que já era jogador do Torino, fui à reunião para desfazer as dúvidas. No transcorrer da reunião minha resposta foi categórica. Exigi minha permanência no clube, porque não estava de acordo com minha transferência sem aviso prévio. O presidente, apesar de ser um homem sério e cordato, tremeu na base, alegando que já recebera o valor integral de minha transferência. Respondi a ele que devolvesse o dinheiro, porque eu era um ser humano e não uma mercadoria, e ele que explicasse ao público francês em geral as razões de minha transferência sem consulta e o porquê dessa tremenda injustiça e traição, quando meu desejo foi sempre permanecer em Nice. Percebendo que eu estava irredutível, o presidente acrescentou: "Yeso, nós somos obrigados a transferi-lo, porque não temos mais autoridade sobre você e os jogadores exigem salários no mesmo nível que o seu. Infelizmente nossa situação financeira não nos permite, daí o nosso intuito de transferi-lo". Concluí que seria inútil continuar esse debate, pois havia muito dinheiro envolvido, e aceitei a transferência sob condição: comunicar à imprensa em geral a verdadeira realidade de minha transferência para o futebol italiano. O presidente e os demais diretores não cumpriram a palavra, distorcendo os motivos de minha transferência, de uma maneira suja e hipócrita. De herói passei a vilão e mercenário. Apesar de todas essas calúnias, afirmo com toda honestidade e segurança que jamais havia passado pela minha cabeça deixar essa cidade que tanto amei (e a amarei eternamente).

Sem poder de reação contra esses hipócritas, no dia seguinte passei as mãos na minha "cumbuca" e embarquei para Turim durante a madrugada, sem despedidas (nem mesmo de Luly, meu grande amor).

Capítulo IX

ITÁLIA

Em julho de 1951 cheguei a Turim. Fui muito bem recebido, tendo uma grata surpresa ao deparar com três companheiros: Carapelese, ponta-esquerda da seleção italiana que havia conhecido em São Paulo durante a Copa do Mundo de 1950; Florio, atacante argentino que jogava no Lanus, na minha época em Buenos Aires; e o sueco Hjamerson, que fora meu companheiro de clube em Nice. Fiz um contrato relativamente bom. O ambiente no clube era agradável, especialmente por eu ser de origem italiana. Apesar de todas as regalias, meu pensamento estava voltado para Nice, principalmente para aqueles que me estenderam a mão desde o primeiro dia, nos momentos mais difíceis. Com o decorrer do tempo, procurei esquecer Luly e Nice, a fim de começar uma nova vida, como jogador e cidadão na bela Itália. Encontrava-me feliz em Turim, um "piccolo São Paulo", puramente industrial, às margens do Rio Pó.

A vida de futebolista na Itália era muito rigorosa. A princípio tivemos como técnico o sr. Sperone, o qual gostava muito dos jogadores sul-americanos e sempre me fazia treinar dentro dos meus limites físicos. A filosofia de Sperone era perfeita, tanto que foi considerado um dos 5 melhores treinadores da Itália de todos os tempos. Os treinos tinham sempre a bola como referência. O estilo do futebol italiano, em geral, baseava-se na velocidade e na marcação implacável de seus defensores. Campeonato extremamente difícil. O ataque do Torino, formado por Mota, Amalfi, Florio, Hjamerson e Carapelese, impunha muito respeito aos adversários, pelo toque de bola e pela velocidade nos contra-ataques (mas não se igualava ao ataque que havia sucumbido no desastre aéreo de Superga, porque atacantes como Mazola, Gabeto, Menti, Orsola, Bonjorni etc. dificilmente seriam substituídos). A defesa ainda não estava à altura do ataque, por ser jovem e inexperiente, mas aos poucos os laterais Grava e Farina iam se firmando.

Não fui muito bem no primeiro jogo do campeonato, contra a Spal em Ferrara, mas depois de alguns jogos já estava entre os melhores atacantes da

Itália. Não tinha muito entusiasmo de jogar fora de Turim, porque a torcida não comparecia, a não ser alguns fanáticos, como existia em todos os clubes do mundo.

Jornalistas famosos, como Carlim, Pierino Fratino e Vitorio Pozzo me elogiavam muito. Vitorio Pozzo na Itália era uma espécie de João Saldanha, muito prestigiado na época de Mussolini. Além de ser jornalista esportivo, foi bicampeão do mundo de futebol, como treinador da seleção italiana em 1934 e 1938.

Na Itália fui obrigado a mudar minha forma de jogar, porque tínhamos de lutar vigorosamente pela possessão da bola, mesmo os atacantes. Essa maneira de jogar não estava dentro de minhas características. A luta pela posse da bola se tornava implacável a cada jogo, e eu procurava entrar no ritmo do Campeonato Italiano, abandonando minhas qualidades naturais e assim me tornando apenas um jogador útil e nada mais, sem nenhuma preleção especial.

Um certo dia, o capitão do Torino, que era Carapelese, chamou-me em particular dizendo: "Amalfi, não se preocupe com os demais jogadores. Procure jogar dentro de suas características naturais, aproveitando a sua velocidade com a bola nos pés e a técnica extraordinária que Deus lhe deu. Não entre no jogo *a la italiana*, jogue como na França, *a la brasiliana*. O que conta na Itália são os 25 minutos iniciais e os vinte finais, porque em nenhuma parte do mundo a bola fica 90 minutos em jogo". Segui à risca os conselhos de Carapelese, procurando iniciar bem as partidas (e terminá-las melhor). Dito e feito: os resultados foram surpreendentes, e eu fui apontado pela crônica em geral como o melhor atacante do primeiro turno.

Naquele momento, Juventus, Internazionale e Milan disputavam o título, enquanto que os demais clubes eram apenas figurantes que lutavam para permanecer na divisão principal. Houve partidas que joguei acima do normal, como a que jogamos em Palermo, na Sicília. O time do Palermo estava bem no campeonato, invicto em seu campo havia várias rodadas, mas ganhamos a partida por 2x0 e fiz os dois gols. O presidente do Palermo era o Príncipe de Travia, quem muito me elogiou. Deu-me uma camisa do clube autografada, a qual até aquele momento era a mais linda entre todas (cor rosa e preta, as cores da família Travia).

O Torino era um time de força média e procurava manter-se no pelotão intermediário, o que já seria um grande sucesso. Antes do desastre era um dos melhores times do mundo, mas nós tivemos de nos contentar com uma modesta classificação. Quase no fim do campeonato chegou Raul Conti, um jovem argentino de grande futuro, indicado por Renato Cesarini. Conti veio do River Plate e não demorou muito para se entrosar conosco. O contrato de Conti com o Torino era de caráter particular, porque havia estourado o número de estrangeiros no Torino. Conti só treinava e jogava amistosos. Depois de algum tempo, consegui que ele fosse fazer um teste em Nice, por intermédio de Bogossian. Vestiu a gloriosa camisa do Nice, num amistoso na Suíça contra o Grasshopper Zurich, mas não foi aprovado pelo treinador. Passados alguns dias, recebi um telefonema de um amigo do Principado de Mônaco, dizendo que o Príncipe estava interessado em montar um grande time, para ascender à primeira divisão do Campeonato Francês. A princípio não acreditei, mas a chegada do presidente da A.S. de Mônaco a Turim procurando um número 10 foi suficiente para levar Conti ao Mônaco, indicado por mim. Conti foi o primeiro reforço, mas outros viriam num futuro bem próximo.

Pouco antes do final do Campeonato Italiano houve um desentendimento entre Sperone e um diretor do Torino, culminando com a saída do treinador, decepcionando a maioria dos jogadores, inclusive a mim, porque Sperone, além de ser um ótimo treinador, era muito amigo dos jogadores. Sperone foi substituído por Copernico, o qual "tinha muitas cordas no seu arco". Além de treinador, trabalhava como aliciador de jogadores, supervisor da seleção italiana e proprietário de um *magasin* de artigos masculinos. Um certo dia me chamou e disse: "Amalfi, já conheço suas qualidades técnicas e o considero o melhor atacante do campeonato, mas para ser transferido para um grande clube é preciso maneirar um pouco a sua rebeldia, porque você está muito bem, e na bolsa dos jogadores o preço de sua transferência subiu muito. Portanto, acalme-se e não conteste muito os árbitros, porque as penalidades na Itália são muito rigorosas". Depois dessa conversa, suspeitei que já havia algum clube interessado em mim. Copernico tinha muito prestígio entre os grandes clubes, e quase sempre servia de olheiro no momento das contratações.

Joguei muito bem as últimas partidas do campeonato, recebendo corretamente os prêmios e os salários, restando ainda uma parte das luvas para receber. O Torino contratara Júlio Perez, atacante do Nacional de Montevidéu, campeão do mundo pelo Uruguai em 1950. O sr. Ferrucio, presidente do Torino, pediu a minha naturalização (por eu ser de origem italiana) a fim de formar a dupla de ataque com Júlio Perez. Na época eu já desconfiava que Copernico estava prestes a fechar o negócio de minha transferência com o Internazionale de Milão, contra a vontade do presidente.

Conversei com o sr. Ferrucio Novo, deixando Bogossian para resolver minha situação e viajei para o Brasil em férias. Meu intuito seria voltar para a França e se possível jogar em Mônaco (ficando perto de Nice e dos amigos). O grande problema seria jogar na Segunda Divisão e por esse motivo fiquei um tanto indeciso. Passados uns 15 dias recebi um telegrama de Bogossian.

Ele iria ao Paraguai, contratar o número 9 Martínez (titular da seleção paraguaia) e depois passaria por São Paulo, e me levaria o contrato com a A.S. de Mônaco, após acordo amigável realizado entre Torino e Mônaco. O Mônaco se responsabilizaria pela dívida do Torino comigo.

Capítulo X

PRINCIPADO DE MÔNACO

Depois de alguns dias, Bogossian passou por São Paulo e viajamos de avião para Nice, fazendo escala em Madrid, onde deixamos Martínez com Conrado Ross (representante de Bogossian), e seguimos para a França. Depois de muitas paradas chegamos a Mônaco, onde o Maitre (mestre) Medecin, presidente do clube, nos esperava, com alguns membros da diretoria. Logo em seguida fomos à sede do clube.

Em 2 de maio de 1952 assinei um contrato com a A. S. de Mônaco e fomos almoçar no Sporting, à beira-mar. Lá estavam Conti e Brandãozinho. Ficamos os três com a responsabilidade de comandar a A. S. de Mônaco, para ascender à divisão principal do Campeonato Francês.

Senti firmeza no clube pela sua organização. Basta dizer que o apartamento que eu iria morar já estava reservado com todas as comodidades e luxuosamente mobiliado, e havia ainda um Fiat 1952 conversível zero km na garagem. O apartamento estava situado no Boulevard de Moulins, no Edifício Massenat, a poucos metros do Casino de Monte Carlo. Logo após o almoço fomos ao banco, onde Maitre Medecin abriu uma conta em meu nome, e depositou o dinheiro das luvas integralmente. Depois de tudo realizado fomos visitar o Padre Tuker, chefe da Igreja Católica no Principado. O Padre Tuker era uma figura muito respeitada, porque praticamente vira o príncipe nascer.

Apesar de estarmos na Segunda Divisão, já sentíamos o poderio do time para a disputa do campeonato. Depois de alguns dias iniciamos os treinos preparatórios, sob a direção de Angelo Grizetti, que veio de Paris juntamente com o sr. Demarchi, o gerente de futebol. Tudo corria bem: ambiente muito agradável, parecendo tudo um sonho. Treinávamos a valer em período integral, tendo como base: toque de bola, velocidade, alternando no 1-2, tocando e saindo para receber a bola (quem conhece futebol sabe perfeitamente o significado de "toca e sai").

Estava "tinindo". Forma física e técnica nota 10. Pronto para entrar em campo e arrebentar. Só pensava em treinar e jogar, a fim de dar satisfação ao Principado, pelo enorme sacrifício que fez, para montar um grande time e conseguir reunir os três sul-americanos: Yeso Amalfi, Raul Conti e Brandãozinho.

Os jogos em casa não eram difíceis. Em Mônaco eu jogava todas as partidas para atrair o público da Costa Azul, especialmente de Nice. Para evitar concorrência, a Federação Francesa de Futebol alternava os jogos. Foi um acordo amigável: o público poderia ver os dois clubes jogarem nos fins de semana. Minha última etapa seria Paris, a fim de consagrar-me definitivamente. Paris era o sonho de todos, e eu sentia que esse momento estava prestes a chegar. Mônaco continuava ganhando e se aproximava de seu grande desejo: ascender à Primeira Divisão do Campeonato Francês de Futebol.

A equipe do Racing de Paris estava mal no campeonato, e o público não comparecia às partidas. As rendas dos jogos diminuíam de maneira desastrosa. Essa situação difícil do Racing poderia apressar a minha ida a Paris para bem antes do que eu pensava. Os jornalistas já me apontavam como a tábua de salvação.

Durante um certo período (mais ou menos 30 dias) estive afastado de minhas atividades futebolísticas devido a um abcesso dentário com certa gravidade, o qual me incomodava muito, chegando a deixar meu corpo todo dolorido. Quase no final do tratamento, chegou um comunicado de Paris (endossado pelo general Charles de Gaulle) pedindo a minha participação num jogo amistoso entre o Racing Clube de Paris e o Arsenal de Londres, em homenagem aos heróis da Segunda Guerra Mundial. Encontrava-me ainda em tratamento, mas não poderia declinar desse tão honroso convite.

Fomos eu e o presidente do clube. Levamos também Brandãozinho como prêmio pelas suas grandes atuações na minha ausência. Esse convite me surpreendeu, porque estava de licença médica, e minha primeira apresentação em Paris, depois de passados dois anos, não tinha sido "lá essas coisas" (recordo-me bem que nesse jogo, contra Strasburgo, desligaram o aquecimento do meu quarto, talvez por sabotagem, e no dia seguinte amanheci fortemente gripado).

Durante a viagem para Paris pensei muito sobre o que deveria fazer. Fazia muito tempo que o Racing queria me contratar (desde os tempos do Torino).

Será que o Mônaco iria me negociar? Será que o convite do general de Gaulle era verdadeiro, ou era uma isca lançada pelos parisienses? Se verdade fosse, eu não esconderia a minha satisfação de jogar em Paris. Em duas ocasiões anteriores o Racing achara caro demais o preço da minha transferência. Naquele momento, porém, me olhava com bons olhos, servindo-me das mais delicadas gentilezas.

Fomos recebidos na Gare de Lyon, em outubro de 1952, por uma caravana de homens muito bem vestidos, educados e extremamente atenciosos. Eram aqueles dirigentes de casaco e cartola, como dizia Maurice Chevalier. Eles me pareciam muito inteligentes, com uma vivacidade para captar a simpatia daqueles que chegavam. Seriam uma espécie de magos em relações públicas?

Após essa recepção senti que iria morar em Paris (bem entendido: se eu mistificasse os ingleses e o público com uma atuação verdadeiramente *hors serie*).

Não tinha nenhuma razão para ser agradável ao Racing, e não via com satisfação o imediato parecer favorável de Medecin e Demarchi à minha transferência. Fui a Paris apenas por um dever. Minha categoria como jogador ainda era muito comentada em Paris. Todas essas questões me traziam uma certa dúvida, e eu hesitava em jogar essa partida contra o Arsenal. O sr. Demarchi, diretor de futebol, tornava-se o mais cansativo e insistente, entre os demais diretores, alertando-me que esse jogo, anualmente realizado, era um amistoso beneficente de suma importância, e que essa honra que a mim fora conferida de maneira alguma eu poderia declinar. Com esse apelo, dissiparam-se as minhas últimas hesitações, e o jogo Racing e Arsenal foi um grande trunfo para mim.

Apresentei-me com calma e segurança, bem decidido a fazer valer o meu talento de grande *vedette*, conseguindo jogar além do meu normal. Dei um recital com a maior naturalidade, perfeitamente consciente. Nessa noite fui um futebolista protegido por Deus. Os ingleses ficaram em pânico e perderam o controle da partida. Fazia exatamente 40 anos que um clube francês não vencia os ingleses. Os jornais franceses foram unânimes e categóricos, escrevendo em grandes manchetes:

» "Yeso, o feiticeiro, transformou o ataque do Racing Club de Paris"

» "Amalfi genial venceu os ingleses e conquistou o público de Paris"

» "Milhares de novos amalfistas aclamaram o talentoso e extraordinário brasileiro"

O resultado foi 2x0 em favor do Racing, constituindo-me na origem dos dois gols. Não dei muita importância a esse sucesso, porque poderia ser passageiro, pois eu já me acostumara com a "volta da moeda", como havia acontecido em outras ocasiões. Não quis receber o prêmio de melhor jogador, deixando para a caixa beneficente. Após o jogo fui homenageado com um jantar no Lido de Paris, encontrando-me por acaso com Francisco Matarazzo, irmão do saudoso Ermelino, que havia jogado no Botafogo do Rio. Brandãozinho vibrou muito com a vitória do Racing e meu desempenho inesquecível nesse jogo.

No dia seguinte retornamos para o Principado de Mônaco. Sentia-me verdadeiramente feliz e realizado em Paris, porque aquele tremendo baile nos ingleses teria um amanhã. Depois desse jogo a minha cotação subiu muito, em relação aos diretores do Racing e do Mônaco. E assim começou, entre eles, uma verdadeira guerra fria, a qual duraria mais de um mês, e que tendia, sem dúvida alguma, à minha transferência para o Racing. Durante um certo tempo as conversações entre os dois clubes foram suspensas e depois reativadas.

No primeiro jogo após o meu retorno de Paris, Grizetti, treinador da A. S. de Mônaco, dispensou-me, alegando que eu deveria descansar pelo esforço feito em Paris, e que voltaria a jogar no momento oportuno. Todos em Mônaco sabiam que Grizetti residia em Paris, que era proprietário de uma loja de artigos esportivos, e que, como ex-jogador do Racing, tinha grande interesse de retornar a Paris como treinador, e ao mesmo tempo cuidar de sua loja, que estava nas mãos de sua esposa.

Em todas as vezes que fui transferido para outro clube, desde os tempos do São Paulo F.C., sempre houve interesse político e monetário. Os diretores do Racing prometeram o cargo de treinador a Grizetti, caso minha transferência se concretizasse. O sr. Demarchi queria retornar à África do Sul, mas exigia dois caminhões para continuar seus negócios de transporte, no caso de minha liberação. Esses assuntos eram muito discutidos e comentados pelos "cornetas", mas nada se poderia provar (mas convenhamos que não existe fumaça sem fogo ou vice-versa). O presidente do clube estava advogando uma causa importante (do conhecido ator americano Errol Flynn) e não poderia acompanhar os movimentos atrás dos bastidores. O príncipe Rainier estava caçando na África, preparando para o Principado de Mônaco um grande Jardim Zoológico, assim como o Jardim Exótico. Os únicos que trabalhavam por amor ao futebol monegasco eram o príncipe e Mr. Camporá. Quanto a mim, essa situação em nada me afetava, pois estava com a faca e o queijo na mão, e tudo era lucro.

Belo castigo me esperava, e vejam que escolha: Monte Carlo ou Paris. A cada dia que passava minha situação se tornava mais sólida. Tinha apoio total dos jogadores e do público em geral. Vivia com a loirinha mais linda da Costa Azul, que, além de rica, era modelo de alta costura, e assim a vida nos dava tudo de bom e muita harmonia em particular.

Passados alguns dias o Principado estava em festa, com várias solenidades, as quais terminariam com um grande jogo de futebol no Estádio Louis II. Para esse jogo o estádio estava completamente lotado. Quando anunciaram a escalação nos alto-falantes e o meu nome não figurava (eu não sabia que estava sendo poupado para uma possível transferência para o Racing), houve um protesto tão violento do público que a situação tornou-se incontrolável, verdadeiramente perigosa. Para salvar a situação fui obrigado a trocar de roupa, colocar o uniforme e entrar em campo para jogar.

Repeti a atuação de Paris. Mesmo ganhando o jogo com certa tranquilidade, a situação do treinador e do diretor de futebol complicou-se de tal maneira que alguns torcedores do calmo e educado povo de Mônaco tentaram agredi-los no vestiário devido à minha não escalação. Graças à bem organizada polícia de Mônaco os ânimos foram serenados.

Com o passar do tempo, o nosso caminho continuava vitorioso, e Mônaco estava praticamente na Primeira Divisão. Com toda essa tranquilidade no Principado, as negociações com o Racing foram reatadas em sigilo. Finalmente havia chegado o momento para definir a minha situação. Nós teríamos que permanecer fora de Mônaco uns dez dias, porque deveríamos jogar duas partidas: uma contra o Red Star em Paris e a outra em Troyers, a poucos quilômetros de distância. A responsabilidade ficou com Grizetti e com o sr. Demarchi, e ambos estando longe do Principado de Mônaco, estavam tranquilos para realizar o negócio.

Capítulo XI

PARIS, A CIDADE LUZ

Gostaria de escrever um pouco sobre a Cidade Luz, que de minha parte merece um carinho todo especial. O que é Paris para mim? Lá vivi, trabalhei, joguei futebol e estudei muitos anos. Vejamos pois o que vi e senti por essa cidade através dos anos... Paris é um sonho, é maravilha, e para senti-la é preciso vivê-la, como eu o fiz e faço depois de muitos anos. Foi em Paris que me consagrei, que conheci verdadeiramente a parte boa da vida. Conhecer Paris é como se percorrêssemos o tempo e o espaço. Paris é a cidade onde o cantor e a bailarina se consagram, onde o poeta e o compositor se universalizam, onde os *magasins* vestem e perfumam milhões. Mas também é a cidade onde estrelas se apagam, onde o rico se transforma em mendigo, onde filósofos e campeões fracassam, onde empresas desmoronam, onde presbiterianos e eclesiásticos se desenganam. É impossível descrever Paris. É necessário senti-la para depois conhecê-la.

Após os treinos matutinos, especialmente às terças-feiras, tinha por hábito passar no Pavilhão Armenoville, tomar um suco de frutas, descansar um pouco e preparar os planos para a noite. Bastava jogar bem no domingo, e tudo estaria perfeito. A Paris noturna nos oferecia tantos atrativos que a indecisão era permitida e a escolha merecia uma reflexão. Os turistas em geral procuravam os endereços mais famosos e elegantes em pouco tempo, por seus dias estarem contados. No meu caso, como morador da cidade, não havia pressa. Eu tinha preferência pelo Maxim's, ponto central das mulheres elegantes e atraentes. Com suas antigas decorações e salões privados, o serviço impecável, a orquestra com músicas suaves e românticas, o Maxim's firmava-se como a casa mais badalada de Paris. Vez ou outra trocava o Maxim's pelo Tour D'Argent, cuja decoração enchia meus olhos de encantamento. Para que o passeio se tornasse mais interessante e pitoresco, todas as vezes que ia ao Tour D'Argent, passava pelas margens do Rio Sena até a Place Saint Michel, virando à esquerda pela Rue de La Huchete, deslumbrando-me com a perspectiva de Notre Dame. Uma *soirée* que começava pelo Maxim's ou Tour D'Argent terminava normalmente no Florença, no bairro de Pigalle. O Florença sempre foi frequentado por pessoas de bom gosto. A princesa da Grécia tinha mesa reservada no salão nobre permanentemente. O Florença recebia normalmente homens de negócios, os grandes estilistas da alta costura e os nobres em especial. Geralmente passava umas duas horas conversando, dançando e observando o ambiente, sem porém cometer extravagâncias. Depois do Florença me dirigia ao Pied de Cochon ou ao La Cigogne, a fim de saborear uma boa sopa de cebola. Os dois restaurantes ficavam no Marché des Hales, onde açougueiros, verdureiros, fruteiros, carregadores do mercado bebiam e comiam desde as 10 horas da noite até a madrugada do dia seguinte, cruzando com os passageiros da noite que vinham das casas noturnas. Algumas ocasiões mudava de ambiente, passando na casa de Roger no Grenouille. Roger, além de gostar de futebol, era fanático pelo Racing e vizinho de Carlos Sosa, médio-volante do Racing argentino e antigo jogador do Boca na minha época. Após o jantar *chez* Roger, dava um passeio, passando o tempo nos Cafés Flore ou Royal, até abrirem as caves de Saint Germain des Prés, meu bairro predileto, onde fui membro da Discothéque e do Club Saint Germain, onde Regine, Samba, Mustache, Sacha Distel, Juliete Greco, Brigide Bardot marcaram época. Os doutrinários de Jean Paul Sartre e Simone de Beauvoir dominavam o bairro, agrupando-se nos cafés e restaurantes mais famosos. Das nove da manhã até o amanhecer do dia seguinte os cafés tinham muito movimento. Por muitas vezes passava algumas horas numa pequena cave do Hotel São Thomaz de Aquino (Cave Quolibet).

A inteligência trocou Montparnasse pelo bairro de Saint Germain des Prés. Eu continuei como se o Tagadá Club ainda estivesse vivo, porque Montparnasse fará sempre parte de minha vida. O Tagadá se parecia muito com a Brasserie Madrid, nos áureos tempos de Nice. Todas as terças-feiras se realizava a Noite dos Manequins, com a presença de artistas, esportistas, intelectuais, mas a maioria dos frequentadores eram estilistas ou modelos de alta costura. Gaby, o proprietário do Tagadá, além de ser um animador de prestígio na noite parisiense, tinha bom relacionamento (sua esposa era filha do diretor do *France-Soir*, um dos jornais mais importantes não só da França como do mundo). Gaby tinha muita amizade com o príncipe Rainier de Mônaco, e foi numa dessas terças-feiras festivas que fomos os primeiros a saber do seu noivado com Grace Kelly, e ficamos em sua companhia até o momento de sua viagem para a América do Norte, onde marcariam a data do seu casamento. A esperança do Principado de Mônaco estava depositada na futura esposa de Rainier e que ela assegurasse a sucessão do trono e lhe desse um varão. Montparnasse era um bairro inesquecível, como um diamante que jamais perde seu brilho natural.

Apesar da beleza romântica de Montparnasse, o que seria Paris sem os bairros de Pigalle e Montmartre? Uma cidade como as outras. Logo à primeira vista, Paris se revela impressionantemente em Montmartre e Pigalle. O bairro de Montmartre está situado numa das colinas que contornam Paris. Um dos locais que ali mais me encantou foi a Rua Lepic, onde aprendi a viver, a conhecer o mundo e as pessoas. Ali se misturavam pessoas de todos os tipos, vivendo a vida livre e democraticamente. Outros bairros tinham uma vida parecida, mas nenhum deles tinha a Rua Lepic.

Quando chegamos a Paris fui direto para o Hotel Univers de Portugal, bem ao lado do Museu do Louvre. Ao chegar ao hotel tive a grata surpresa de encontrar meus grandes amigos Nelson Zéglio, Muro e Montagnoli, que estavam de passagem com o time do Sochaux. Eles permaneceram dois dias em Paris, e assim pudemos passear um pouco. Praticamente estava por conta do Racing. Não fiquei com a delegação, pedindo dispensa das duas partidas e fui com meus amigos visitar o Museu do Louvre. Momentos antes de ir para o Louvre, recebi a visita do sr. Galley e conversamos sobre minha situação. Ele me prometeu que até o final da noite me daria uma resposta definitiva. Depois de uma visita maravilhosa, voltamos para o hotel encantados, chegando exatamente às 16:30. Na chegada recebi um telefonema do sr. Galley, dizendo que o Racing Club de Paris estava de acordo com minhas pretensões, e que viria me buscar para assinar o contrato. Combinei com meus amigos que logo após a assinatura do contrato nós comemoraríamos, numa das várias boates que Paris nos oferecia.

Finalmente, com a chegada do sr. Galley, fomos para a Rue Ampére 81. Assinei o contrato por 2 anos em 19 de outubro de 1952. O Racing pagou ao Mônaco 10.000.000 de francos mais dois jogadores, Boulet e Paul Jurili. Assim como em Mônaco, recebia o dinheiro integral, sem rodeios e discussões. O Racing tinha fama de bom pagador, sendo um clube de muito prestígio e dirigido por homens do mais alto gabarito.

Convidei meus amigos para festejar a assinatura do meu contrato no Tagadá Club (coincidentemente havia a grande festa dos modelos internacionais das casas de alta costura, e assim Paris começava a nos mostrar um pouco de seu mundo elegante, com mulheres verdadeiramente lindas e muito bem vestidas). Nas poucas boates que havia no bairro na minha época, muitos músicos brasileiros se apresentavam.

Após a noite festiva, meus companheiros regressaram a Sochaux, e eu fui chamado de surpresa para jogar contra a seleção da Suíça, dirigida por Karl Rappan, o inventor da retranca. Felizmente foi tudo bem e joguei uma grande partida. Com as duas partidas jogadas contra o Arsenal e seleção suíça, consegui a minha clientela de simpatizantes em Paris, como o estupendo africano Bem Barek tinha a sua.

Depois da vitória contra a seleção suíça a minha situação como futebolista em Paris chegou ao ápice. Mas ao meu ver algumas pessoas se esqueceram que futebol se joga a 11 e que uma andorinha só não faz verão. O jornalista Victor Denis, em artigo publicado após a goleada de 5x2 (quebrando o encanto do "ferrolho suíço" idealizado pelo técnico Karl Rappan), assim escreveu:

"Nós vamos falar de Amalfi, se vocês me permitirem, caros compatriotas. Amalfi, nos diz Larousse, é um pequeno porto da Itália, pertencente ao Principado de Citariore. Tem 8 mil habitantes que se chamam Amalfitanos; sede principal de um Bispado. Amalfi é também uma égua de raça, que faz maravilhas nos campos da Inglaterra, e que é irresistível em corrida de curta distância. Isso é tudo que posso publicar de Amalfi... Perdão, ia me esquecendo que Amalfi é nome de um futebolista brasileiro, Yeso. Ele começou no São Paulo F.C., passou pelo Boca Juniors de Buenos Aires, para depois ingressar no Peñarol de Montevidéu. Depois de passar ainda por Nice, Torino e Mônaco, veio conquistar Paris. Ele tem charme suficiente para tal. Posso dizer que Amalfi é algumas vezes o Deus, o profeta, o comediante trágico do seu time, a alma. Em Buenos Aires recebeu flores de Perón, no dia de sua estreia. Jean Cocteau não se contenta em lhe dirigir cumprimentos; chama-o de gênio."

Os artigos de Victor Denis, tanto como de Gabriél Hanot, aumentavam o meu cartaz em Paris e os dirigentes acreditavam cegamente no meu sucesso.

Uma ocasião houve um jogo muito importante contra o Olympique de Marselha, um adversário tradicional e de muito respeito. Durante a semana os jornais noticiaram, com muita ênfase, a realização desse jogo, especialmente o *France Soir*, escrevendo em letras garrafais uma grande reportagem com o seguinte título: *Yeso Amalfi devant les 90 minutes de la verité du championnat.* (Yeso Amalfi diante dos 90 minutos da verdade do campeonato). Do meu ponto de vista, foi uma ironia do jornalista que escreveu, dando a nítida impressão que, até aquele momento, eu enganara os amantes do futebol. O jornalista iniciava o artigo escrevendo que o jogador brasileiro era um futebolista que removia opiniões, e por essa razão iria entrevistar algumas personalidades da capital (Paris), que eram apaixonadas pelo futebol, o que eles pensavam do "malabarista brasileiro". Vejamos pois as opiniões das personalidades entrevistadas:

» M. Albert Biget (ex-praticante e diretor da Polícia Judiciária): "Eu sou Amalfista, porque gosto do espetáculo do futebol e gostaria de ver o brasileiro marcar gols".

» Bernard Blier (artista de cinema): "Não sou contra nem a favor, porque não tive o prazer de vê-lo jogar. Sinto imensamente, porque um homem como Amalfi, tão perfeito com a bola nos pés, deve ser um espetáculo".

» Madame Patachou (vedete da canção): "Eu amo a beleza do gesto e a elegância de seus movimentos. É por essa razão que admiro Amalfi".

» Cristian Grandet (campeão de tênis): "É o melhor jogador de futebol que vi jogar durante toda minha vida. Seus passes são extraordinários e precisos. Não importa onde ele esteja, não importa a sua posição, ele coloca a bola como se fosse com as mãos, nos pés de seus companheiros".

» Príncipe de Bourbon: "Não perco um jogo sequer em Paris. Vi Amalfi contra o Arsenal de Londres e a seleção suíça. Seu jogo é agradável. É mais um divertimento de um artista do que um futebol".

» George Ulmer (vedete do Music-Hall). "Eu adoro a América do Sul. Eu amo por consequência o jogo de Amalfi, que constitui um maravilhoso espetáculo. O resultado? É uma outra coisa".

» Comissário da Polícia, Sr. Benamu (centroavante da P.U.C.): "Quando vi Amalfi jogar, cheguei à conclusão de que eu era um simples futebolista. Não posso deixar de admirar o brasileiro".

» Alex Magny (costureiro): "Eu amo a elegância de Amalfi, mas não estou seguro se essa elegância é eficaz".

» Benoit Léon Deutch (diretor do Teatro de Variedades): "Eu verei Amalfi pela primeira vez domingo. Mas já sou Amalfista por excelência, porque me disseram que é um grande distribuidor de jogo, e isso é muito importante numa equipe".

O mesmo jornalista que havia entrevistado as personalidades antes do jogo contra Marselha assim se expressou após a partida: "O Racing Club de Paris merecia melhor sorte que o empate de 1x1. Ativo, decidido, arrojado e bem inspirado no meio campo, foi sensacional. Parabéns ao Racing pela contratação, curvo-me diante do brasileiro. Para que o Racing chegasse a vitória faltou determinação e confiança de Gabet e Cisoswski nas conclusões, pelas bolas recebidas de Amalfi na frente do gol, apesar da extraordinária atuação do guarda-meta do Marselha. Com mais alguns jogos o Racing chegará lá. Yeso Amalfi, para quem toda Paris tinha seus olhos, disputou um verdadeiro jogo de compeonato. Jogou os 90 minutos para o time, sem procurar fazer uma exibição em seu benefício. Com mais alguns retoques no time e com a boa vontade de Amalfi, o Racing estará seguramente no caminho certo".

Não foi a primeira vez (e nem será a última) que recebi desafios desse tipo por parte dos jornalistas. Dava a impressão que cada jogo era um desafio, para uma só pessoa: o brasileiro Yeso Amalfi.

Durante o tempo em que morei no Bairro de Montmartre havia prestado atenção em Anita, uma linda modelo que morava na mesma rua que eu. Não nos conhecíamos na época, pois viajávamos muito: ela como modelo de alta costura e eu como futebolista. Quando o Racing jogava em Paris ficava concentrado em hotéis, que variavam de jogo para jogo. Geralmente meu dia de folga era às terças-feiras, e eu voltava somente de madrugada. Montmartre durante o inverno é triste e, vendo o inverno se aproximar, resolvi mudar para a parte baixa da colina, ao lado de Pigalle. Conversei com alguns amigos e eles me indicaram o Hotel Colibri, na rua Joffroy Marie, ao lado do famoso teatro de variedades Follies Berger. No dia seguinte pedi a Juanito para dar meu novo endereço a Anita, mas infelizmente ela não se encontrava em Paris. O tempo passava e eu não recebia notícias dela. Um certo dia fui visitar os amigos em Montmartre como pretexto, porque minha intenção era saber o paradeiro da garota. Cheguei à casa de Nino e todos os amigos estavam reunidos, inclusive André Pincho e Hawards, que completavam solidamente a nossa turma. A fim de solucionar alguns problemas (incluindo a falta de notícias de Anita), convidei-os para uma noitada em Pigalle. Naquela noite fomos ao Chez Ton-Ton, cuja hospitalidade sempre foi incomparável. O time estava completo: Garcia, Juanito, André Pincho, Nino e Hawards. Ton-Ton sentou-se à nossa mesa e nos apresentou duas garotas muito interessantes: uma de nome Anik e a outra chamada carinhosamente de Chinita (filha de peruana com português). Eu conhecia Anik de vista, porque, além de modelo profissional, gerenciava o bar da entrada do Tagadá. Chinita trabalhava como aeromoça na Pan-América. Foi sem dúvida alguma uma ótima apresentação, porque as duas gostavam de futebol e ficaram radiantes por me conhecer pessoalmente. Saímos de Chez Ton-Ton juntamente com Anik e Chinita, e fomos respirar um pouco a atmosfera das ruas de Pigalle. Num certo momento, por simples curiosidade, enquanto os demais se divertiam com os aparelhos eletrônicos, perguntei para Anik se ela conhecia Anita, também modelo. Anik respondeu-me que a conhecia muito bem e que estava entre as melhores modelos da alta costura. Fiquei muito satisfeito com a resposta, e em seguida lhe contei a história, terminando por dizer-lhe que meu grande desejo seria conhecê-la. Anik disse-me: espere um pouco que vou buscá-la agora mesmo. Chamei Garcia, dei-lhe a chave do carro, e fiz com que ele acompanhasse Anik até a casa de Anita. Garcia não demorou muito e logo apareceu com Anik e Anita. Anita era um tipo de rara beleza: estatura média, cabelos longos e negros, rosto em forma alongada, vivia a sua personalidade, expressada nos seus olhos azuis. Naquela noite já estava um pouco tarde e marcamos um encontro para o dia seguinte. Fomos jantar no Eskeherazade, com música romântica ao som de violinistas zíngaros, que tocavam ao lado de nossa mesa, animando o princípio de nosso amor. Nossa primeira noite foi algo divino e inesquecível. Fomos namorados, depois amantes, mas sempre vivemos separados. Encontrei em Anita todos os predicados para meu ideal amoroso. Fazia de tudo para não decepcioná-la, a fim de tê-la sempre ao meu lado. Percebia (pelos seus olhos) que ela também me amava. No princípio Anita me alertava que seria impossível separar-se de sua irmã e de sua mãe, e que nunca procurassse saber de seu passado, nem onde andou, nem o que fez, porque no dia que ela não me amasse mais, eu saberia e entenderia antes de perguntá-lo.

O Racing não andava bem no compeonato. Pedi aos diretores que fizessem algumas contratações (de preferência sul-americanos). Atenderam meu pedido contratando o médio-volante argentino Carlos Sosa, com o qual eu havia jogado no Boca Juniors da Argentina, e logo em seguida chegou meu amigo e compatriota Canhotinho, titular da seleção brasileira, que pertencia ao Palmeiras. Com esses reforços extraordinários recuperamos o terreno perdido e voltamos a colocar o Racing Club de Paris entre os melhores da divisão principal do Campeonato Francês. Carlos Sosa e Canhotinho chegaram em 1953, encontrando um dos invernos mais rigorosos que Paris conheceu durante a sua história. Eu continuava morando em Montmartre, na parte baixa da colina, e todas as manhãs apanhava-os de carro para irmos ao Estádio de Colombes, onde eram realizados os treinamentos.

Por incrível que pareça, Anita chegou de viagem no dia de meu aniversário. Fomos festejá-lo em companhia de amigos no Lido de Paris, na Avenue Champs Elysées. Para nossa alegria, André Pincho compareceu de surpresa, mais feliz do que nunca, acompanhado de sua noiva de nome Lili. Canhotinho e Carlos Sosa foram incluídos na turma, e assim formamos uma verdadeira família, vivendo em plena harmonia.

Fomos jogar uma partida amistosa contra a seleção de Berlim. Até então nós não tínhamos conhecimento do futebol alemão. Canhotinho e eu ficamos impressionados com a força e determinação de seu futebol. Apesar de vencermos o jogo pela contagem de 2x1, víamos na Alemanha um candidato fortíssimo para a conquista da Copa do Mundo de 1954, na Suíça. Alguns jogadores nos chamaram a atenção como: Fritz Walter, Rahn, Turek e Posipal.

Logo em seguida começaram nossas férias invernais. Carlos Sosa viajou para a Argentina, em busca da família. Canhotinho e eu viajamos para o Brasil. Permaneci alguns dias com meus familiares e retornei à França. Canhotinho, por razões particulares e com casamento marcado, não quis retornar, o que nos entristeceu profundamente, por ele ser, além de um grande amigo, um jogador extraordinário.

Retornei à França de navio pelo Augustus, desembarcando em Cannes, onde Anita estava à minha espera, numa situação completamente diferente da primeira viagem, quando cheguei em Cannes pelo navio Conte Grande e não encontrei ninguém para me recepcionar. Fiquei em Nice uma semana para matar as saudades e rever os amigos, e depois retornei a Paris para os treinamentos. Anita não estava bem de saúde, e me preocupava muito. Parou de trabalhar por ordem médica. Passei a ajudá-la, porque ela não tinha condição de trabalho.

A vida em Paris continuava tranquila. O Racing se portava bem no campeonato. Mas estava preocupado com Anita. Achei-a pálida e abatida. Pensava em casar-me com ela, mas seu médico, dr. Lamy, dizia que o melhor seria esperar. De fato, dr. Lamy tinha razão, porque o seu estado de saúde poderia se agravar, por uma simples emoção. Pela sua fragilidade, ela seria internada após o casamento da irmã. Fui ao escritório de Janot, e ele pediu calma, para que eu não ficasse preocupado com Anita, porque ele já havia providenciado tudo, inclusive o hospital, e que a mãe de Anita iria morar em sua casa, até a recuperação de Anita. A festa do casamento, apesar de simples, foi muito concorrida e alegre. Toda a "turma do Bairro" compareceu. Fiquei do lado de Anita até o final da festa, acompanhando depois os noivos até a Gare de Lyon, porque iriam passar a lua de mel em Roma. Janot me deixou plenos poderes para efetuar a mudança de Anita e sua mãe para seu apartamento em Chaillot. Como não poderia ser de outra forma, Garcia e Juanito me ajudaram. Quando Anita deixou o Bairro de Montmarte, seus olhos estavam cobertos de lágrimas. Assim eu, por força do destino, deixava a Rua Lepic. Alguns dias depois, Garcia e Juanito mudaram-se para o bairro de Etoile, ao lado do Café Gran Vizir, ficando no bairro de Montmarte apenas Nino, continuando no alto da colina, pertinho da Pale de Tertre, e eu próximo da Pegra e do Pecado, no Hotel Colibri na Rua Joffroy Marie. Depois de alguns dias, com o retorno de Janot e Izabelle, Anita foi internada. Anita sempre foi uma moça corajosa. Nesta situação, ao invés de ser consolada, procurava animar os outros (como a mim mesmo). Ela sentia uma forte esperança de voltar completamente recuperada. Durante um certo período ia visitá-la vez ou outra, de acordo com a prescrição médica. A cada visita sentia que Anita se recuperava. A melhora no seu estado de saúde me alegrava sobremaneira. Sentia que a felicidade estava voltando, como nos tempos de Montmarte. Uma certa noite, no retorno de Strasburgo, resolvi subir até a colina passando pela Rua Lepic, a fim de curtir um pouco o passado. A neve não caía mais, e a noite parecia convidativa para uma noitada como nos velhos tempos (havia abandonado por algum tempo a vida noturna, porque o futebol, os amigos e o estado de saúde de Anita me levaram a uma vida mais introspectiva). Assim, telefonei aos amigos (Juanito, André Pincho, Garcia e Hawards) marcando encontro na casa de Nino. Antes, porém telefonei para Janot, pedindo notícias de Anita. Janot não se encontrava, mas Izabelle deu-me notícias confortantes. E assim saímos noite afora. Pleno de alegria, disse aos meus amigos que íamos nos divertir em Champs Elysées até o Bairro de La Opera. Nós ficávamos no último café da avenida, bem próximo do Arco do Triunfo, que simboliza a construção do grande Império de Napoleão Bonaparte. Eu mesmo, quando cheguei a Paris pela primeira vez, fui ao Arco do Triunfo prestar a minha homenagem. Tive a curiosidade de subir a plataforma, para observar as 12 Avenidas que partem da Place Etoile. A perspectiva imensa de Champs Elysées, da Concordia, do Jardim de Tuileries e do Museu do Louvre deixou-me no espírito uma recordação inesquecível e no coração um pouco de devaneio.

Depois de visitarmos o Arco do Triunfo, fomos ao restaurante dançante de Henrico, um florentino que sempre viveu sem problemas, graças à sua pinta de galã e à vivacidade nos negócios. Henrico nos falou sobre seu casamento, com data já marcada, abandonando de vez a vida de boêmio. Nesse bate-papo convidou-nos para passar as férias esportivas, juntamente com Anita, em Golfo Juan, a 6 km de Cannes, onde sua noiva, a condessa Tani, possuía uma linda mansão, de frente para o Mar Mediterrâneo. Agradeci o convite, respondendo-lhe que tudo dependeria do estado de saúde de Anita. Henrico conhecia a situação e a angústia que eu passava naquele momento. Henrico tinha viagem marcada para Golfo Juan com sua noiva, a fim de preparar a casa para as férias. Marcamos um encontro para dentro de oito dias, no restaurante Val D'Isere. Voltamos à mesa com os amigos e ficamos até o encerramento das atividades da casa. Essa noite foi como a velha rotina que fazíamos após os jogos de campeonato, entrando em casa de madrugada.

O campeonato estava no fim. Esperava o início das férias para viajar a Nice ou aceitar o convite formulado por Henrico e sua futura esposa. Uns dois dias antes do encontro marcado com Henrico, fui visitar um amigo no bairro da Opera (o qual também tinha um bar, ao lado do famoso Magazine Trois Quartier). Havia muito tempo que não andava pelo bairro. Momentos antes de chegar ao bar, dei uma parada no Pam-Pam, de onde pude observar que a parte externa do Teatro da Opera era extremamente larga e batida. Os cartazes anunciavam que naquela noite Ivete Chauvirré e Michel Reinault, os melhores dançarinos da época, apresentariam *Romeu e Julieta*, sob a direção de Serge Halifar. O ambiente no teatro estava sensacional, porque Reinault e Chauvirré sempre foram capazes de proporcionar um espetáculo principesco. Por pouco não entrei. Fiquei até a abertura do teatro, e quando o público se dirigiu ao interior do teatro levantei-me e fui para o Bar de Renê, que ficava a alguns metros dali.

Ao entrar no bar, senti que o ambiente estava um tanto carregado. De fato esse tipo de bar é mais particular, uma espécie de clube privado de portas abertas. Para as pessoas desconhecidas, não havia muitos atrativos, a não ser alguns petiscos especiais e frutos do mar. De minha parte entrava em qualquer ambiente da cidade sem restrições, porque sabiam quem eu era e conheciam a minha profissão. Tinham prevenção contra pessoas desconhecidas.

A primeira vez que cheguei a Paris, contratado pelo Racing, trouxe uma carta de recomendação de um amigo de Lyon, para um motorista de praça que tinha ponto em frente ao Can-Can. O motorista era um russo de nome Motov. Ele vivia em Pigalle há mais de 30 anos, e a conhecia de "cabeça para baixo". Motov era uma lenda viva no bairro de Pigalle. Ele parava num pequeno bar, de nome Le Mans. Uma noite fui procurá-lo, e encontrei-o no bar sentado ao lado de 4 rapazes e uma moça. Eles jogavam "bolota", um jogo de cartas muito comum na França. Um deles tinha por nome Antoine, de origem corsa, aparentemente calmo, moderado nas suas expressões, moreno de estatura média, com largas espáduas. Ao seu lado esquerdo, encontrava-se Pietro (chamado de Pintor dos Amores, em razão de uma mocidade lucrativa, consagrada a "providenciar as mulheres fáceis" dos cabarets espanhóis). Lá também estava jogando Munhoz, espanhol refugiado, que nada tinha a ver com Juanito e Garcia. Munhoz tinha todas as características de Henrico, muito bem vestido, um personagem bem proporcional, com seu rosto afinado e bem afeitado, sempre verificando se sua camisa e gravata estavam dentro da linha. O último parceiro de jogo era Jean, mas este não era seu nome verdadeiro, com aparência de um santo, sorriso de menino inocente, mas segundo Motov era o mais "perigoso". Cumprimentei a todos e, acompanhado por Motov, sentei-me para jantar. Renê, até aquele momento, não se encontrava no local. Nossa mesa estava bem ao lado da "vitrola de moedas". Antes de colocar uma música, perguntei aos rapazes, que responderam prontamente que eu ficasse à vontade, porque a música acalmaria o jogo. Motov percebeu que eu estava triste (procurava esconder, mas a situação de Anita muito me perturbava) porque meu comportamento naquela noite não condizia com o das anteriores (todas as vezes brincava com todo mundo, exaltando muito o Brasil, e eles adoravam a minha conversa e já começavam a se habituar com as músicas brasileiras cantadas por Hebe Camargo, Dolores Duran, Maísa e Agostinho dos Santos). Finalmente contei a Motov a situação de Anita, e todo o amor que sentia por ela, também a incompreensão dos meus amigos sobre o porquê de continuar morando no Hotel

Colibri. Motov me conhecia perfeitamente, porque foi meu primeiro contato em Paris, quando me mudei do Principado de Mônaco. Com Motov, conheci o submundo de Paris, estudei a mentalidade dos que viviam nesse misterioso mundo, sem fazer parte dele de corpo e alma, mas respeitando esse mundo, que até então não conhecia. Podem crer que esse mundo é puro e verdadeiro, e nele a palavra e a honra, a família e as crianças estão acima de qualquer suspeita. Infelizmente, os meus amigos e alguns diretores do clube acreditavam que eu estava no caminho errado. Jamais fui ameaçado ou convidado para fazer parte de qualquer assunto fora da lei. No fundo a vida dos homens da noite é mais pura. Com a chegada de Renê, da esposa e filha fomos para o jantar, tendo Motov à mesa. Permanecemos no Chez Renê até meia-noite e depois Motov me acompanhou até o hotel.

Como de costume fui treinar no dia seguinte as 7 horas da manhã. Depois do treino, Jean e Chika foram me buscar para almoçarmos no Pic-Nic-Bar (em frente ao hotel em que eu morava) de Madame Anita (brasileira de Santa Catarina) e do Sr. Piérre (de origem corsa), muito querido e respeitado no bairro de Montmarte. O Pic-Nic-Bar era muito conhecido pelos turistas que vinham assistir ao grande *show* do Teatro Follies Berger, porque na saída do teatro, passando pelo bar, a grande atração era o simpático cachorrão branco e preto que ficava sentado na porta aguardando os turistas, e assim se constituía numa espécie de símbolo da Rua Joffroy Marie. O bar do Sr. Piérre era muito frequentado por corsos, árabes, judeus, italianos e especialmente marujos brasileiros que aportavam no Havre. O Bar servia comida brasileira, graças aos marujos que traziam nossas especialidades. Eu almoçava lá quase que diariamente. Foram muito atenciosos durante os momentos difíceis que passei em Paris.

No domingo à noite fui encontrar Henrico, no Restaurante da Torre Eiffel, como havíamos combinado. O campeonato acabara naquele mesmo dia, com a equipe do Racing numa ótima colocação. Vencemos todos os clássicos do futebol francês. Paris estava em plena primavera e a noite se apresentava, como eu jamais havia visto. Lua cheia e céu estrelado. A Torre Eiffel toda iluminada. Henrico veio acompanhado. As horas avançavam, e Henrico percebeu que já estava no momento de irmos embora. Acompanhei Henrico e Tani até a Rua de Berry e fui diretamente para o hotel. Ao chegar, o sr. Felix me avisou que Janot telefonara e que Anita já estava em casa, junto de sua mãe e irmã, completamente restabelecida, me aguardando no dia seguinte em Challot, no apartamento de sua irmã, para jantar. Melhor notícia seria impossível. Não dormi direito devido à ansiedade. No dia seguinte fui rever Anita. O jantar foi muito agradável e meu relacionamento com Anita se tornava cada vez melhor. Passamos a noite construindo castelos para nosso futuro. Encontrava-me em férias, com a firme intenção de viajar ao Golfo Juan, aproveitando o convite formulado por Henrico e Taní. Anita recusou o convite e preferiu ficar ao lado da mãe e irmã, o que achei justo e natural, por ter ficado afastada de seus familiares por um longo período, devido à sua internação. Assim sendo viajei tranquilamente para o Brasil.

Depois de alguns dias de minha chegada ao Brasil, houve alguns problemas: a indecisão de retornar para a França devido a um pedido de minha família para que eu ficasse e a crise política do país (ocasionada pelo suicídio de Getúlio Vargas, em 24 de agosto de 1954, o que acabou gerando vários distúrbios de ordem política e social, afetando também a economia) fizeram com que eu chegasse a Paris com grande atraso.

Em razão do meu atraso, o Racing recusou-se a pagar os meus salários e parte de minhas luvas, além de querer me aplicar uma pesada multa. Diante dessas circunstâncias me recusei a jogar contra o Nancy, em partida oficial do campeonato. O Racing perdeu o jogo, sob violento protesto do público. O embaixador do Brasil em Paris soube pelos jornais da minha situação, e enviou oficialmente um documento, fornecendo com detalhes a situação política no Brasil. Com esse atestado e o resultado negativo contra o Nancy, os dirigentes do Racing voltaram atrás, especialmente o sr. Galley, "le Gran Patron". A essa altura dos acontecimentos o Racing estava em décimo sexto lugar na classificação (situação bastante grave e incômoda). Com a minha reintegração e as reformas dos contratos de Carlos Sosa e do austríaco Hernest Happel, ganhamos nosso primeiro jogo contra Lyon pela contagem de 5x0, e assim começou a grande virada do Racing Club de Paris (e a volta do grande público, especialmente dos "Amalfistas", que a essa altura já totalizavam de 12 a 15 mil pessoas).

Estava muito preocupado com a falta de notícias de Anita. A minha permanência no Brasil durante 5 meses foi a causa que originou o desencontro de notícias entre mim e a família de Anita, terminando tudo como um sonho, como havia acontecido com Luly.

O Racing continuava jogando bem e acumulava resultados positivos. Depois da vitória de 5x0 contra Lyon, ganhamos de 4x1 do Metz e de 2x0 do Toulouse. A nossa prova de fogo seria contra o melhor time da França e grande sensação da Europa, o F.C de Reims, base da seleção francesa e finalista da Copa da Europa, juntamente com o Real Madrid (de Alfredo Di Stefano, Puskas, Gento, Didi, Rial, Canario, Santa Maria, Rodrigues etc.) No time do Reims jogavam Raymond Kopa, Piantoni, Jonquet, Vincent, Lucien Muller, Just Fontaine (recordista de gols em Copas do Mundo, com 13 gols em 1958). Essa partida era aguardada com real interesse. Como sempre, os franceses jogavam a responsabilidade em cima de mim. Fazia muitos anos que eles procuravam um jogador francês para me ofuscar. Os jornais anunciavam o jogo do ano: "Yeso Amalfi x Raymond Kopa". Esses confrontos eram fabricados, como se o futebol fosse jogado a dois, deixando de ser um jogo coletivo. Os jornais jogavam um contra o outro, mas nós sabíamos sair com elegância. Para os franceses e o público, essa disputa pessoal era lucro certo. Kopa não tinha nada a perder, era um pouco mais jovem que eu e, no caso de fracasso, o tempo apagaria essa humilhação. E, segundo eles, Amalfi era Amalfi, considerado um Deus do Estádio, que só tinha a perder. Aquela partida poderia ser decisiva para meu prestígio.

Fomos para a concentração em Chantilly na sexta-feira. Em todas as partes do mundo onde joguei, eu tinha duas armas para esse tipo de confronto: eram dois dribles que aprendera com dois jogadores extraordinários; o primeiro com Romeu Pelicciari (jogador do Palestra Itália, Fluminense e seleção brasileira). O drible de Romeu chama-se "o passo do ganso". O segundo aprendi com Mario (ponteiro esquerdo do Corinthians, um dos maiores malabaristas do futebol brasileiro. Na minha opinião, no trato da bola somente dois igualaram-se a Mario: Zinho, beque central da Portuguesa de Desportos, e Canhoteiro, ponta-esquerda do São Paulo F.C.). O drible do Mario tinha por nome "lambreta ou passo da montanha". Nos primeiros 15 minutos comecei a jogar o que sabia e tomei conta do jogo, e no final vencemos de 3x0 e Kopa me chamou de maestro.

Terminado o jogo em Reims, dispensei o ônibus do clube e retornei com meus amigos, indo diretamente para o Café Gran Vizir, lugar preferido dos brasileiros e alguns franceses de renome internacional como Dora Doll, Madeleine Lebeau, Sacha Distel, Brigitte Bardot, Luiz Carlos Barreto, Françoise

Arnoul, Vinicius de Morais, Anselmo Duarte, Glauber Rocha, Roberto Farias, Helio Mota etc. Estava muito feliz pela vitória e não pelo confronto com Kopa, porque esse jogador francês tinha muita dignidade, e não menosprezava quem quer que fosse. Raymond Kopa foi uma figura marcante no futebol mundial e um grande amigo. A vitória contra Reims foi muito importante, despertando a atenção dos ingleses, a tal ponto de sermos convidados para um amistoso em Londres, contra o tradicional clube Tottenham Hotspur. Após esse jogo em Londres, o mais credenciado jornalista de esportes da Inglaterra, John Thompson, assim escreveu (Esse artigo foi transcrito por Thomaz Mazzoni, na *Gazeta Esportiva*):

> *Um jovem brasileiro, sorridente e alegre, tomou Londres de assalto. Em todos os círculos futebolísticos que se frequenta, só se falava da incrível agilidade de Yeso Amalfi, o brilhante futebolista do Brasil, que jogou na meia-direita do Racing Club de Paris, na recente partida que disputou, à luz dos refletores, com o Tottenham Hotspur, em Londres. Yeso Amalfi jogou apenas o primeiro tempo e o Racing vencia por 1x0, com uma exibição fantástica, superior à sua última exibição contra o Arsenal em Paris. Um técnico familiarizado com o jogo de Amalfi, tanto em Paris como no Brasil, disse o seguinte: "Foi sua maior exibição. Hoje, Amalfi joga pelo menos duas vezes mais do que no Brasil. No entanto, Yeso jogou apenas o primeiro tempo. Nessa fase sofreu uma contusão muscular e não pôde retornar a campo após o intervalo. E não há dúvida de que o acidente roubou a milhões de pessoas a possibilidade de vê-lo jogar (...) Charles Buchan, antigo capitão do selecionado inglês, um dos mais destacados comentaristas ingleses de futebol daquele tempo, não hesitou em dizer-me: Amalfi é um dos maiores futebolistas de todos os tempos. Eu o colocaria na mesma classe de George Holley e Harold Fleming, ambos astros dos velhos tempos. Em 40 anos não vi melhor* insider. *Creio que Yeso se beneficiou tremendamente com sua estadia na Europa. (...) Um jornalista amigo meu perguntou a Yeso quando havia marcado seu último gol. O jovem no princípio de sua carreira foi um emérito goleador, mas, mudando as suas características, passou a criar para os outros marcarem. Portanto, naquele momento da pergunta, não lembrou verdadeiramente. Yeso Amalfi é um jogador de alta classe e tenho obrigação*

de dizer, sem exagero, que a atual temporada futebolística inglesa foi enriquecida pelos 45 minutos de exibição que o sorridente brasileiro fez em gramados ingleses.

Após aquela partida amistosa contra os ingleses, continuei jogando muito bem, até o término de meu contrato. Sem contar as partidas amistosas, disputei 28 das 34 partidas oficiais do campeonato. Em 18 jogos, fui considerado o melhor jogador em campo, ganhando todos os prêmios por unanimidade. Nas 28 partidas que disputei, perdi apenas 3, e nas partidas que não participei o clube perdeu todas. Não estou recordando os números por amor a estatísticas, nem tentando realçar o meu desempenho no Racing Club de Paris. Fiz isso para destruir certas lendas.

Após o campeonato, mesmo com as tentadoras propostas de transferência, eles não estavam seguros em me vender e me substituir por outro jogador. Entretanto, eu acreditava que iria conhecer outros pagos, ainda mais quando, certo dia, o presidente do Racing e o sr. Galley me convocaram com urgência na sede do clube para dizer: "Yeso, a posição do Arsenal no campeonato inglês não é muito brilhante, e eles nos fizeram uma proposta para contratá-lo de imediato. O que você pensa desse assunto?" Todos sabiam que o Racing e o Arsenal tinham laços cordiais de relacionamento, mas eu ignorava a cotação elevada que possuía no futebol inglês. Fui perceber somente após a proposta extraordinária que o clube inglês fez ao Racing e a mim em particular. De fato eu havia jogado várias vezes contra os ingleses, tanto na Inglaterra como na França, saindo-me muito bem. Respondi aos meus dirigentes que a proposta dos ingleses me surpreendia e que iria examiná-la a fim de dar uma resposta definitiva.

Ao sair da sede do clube fui procurar o advogado inglês mr. Phillips, a fim de lhe pedir explicações sobre minha eventual transferência para o futebol inglês. Mr. Phillips me disse que o Arsenal seria um ótimo clube para eu jogar e que o único problema seriam as leis trabalhistas, que me impossibilitavam de jogar como profissional, mas simplesmente como amador. A legislação inglesa não permitia contrato de trabalho profissional para futebolistas estrangeiros.

Enquanto as negociações continuavam, entre Racing e Arsenal, mr. Phillips e eu trabalhávamos, a fim de conseguir uma solução para obter a carta de trabalho profissional, sem a qual eu não poderia viver na Inglaterra. Depois de muitas investigações, mr. Phillips encontrou a solução de três maneiras diferentes: trabalhar em uma companhia de navegação, ser funcionário da Embaixada do Brasil ou corretor de café brasileiro em Londres. Finalmente consegui um emprego de corretor de café, por intermédio de Alberto Ruths, grande importador sírio-libanês residente em Londres. Esse emprego seria pura formalidade, pois o principal seria a carta de trabalho.

Coincidência ou não, quando fui pela primeira vez ao Lido de Paris, após aquela memorável vitória contra o Arsenal, conheci a inglesa Gloria, que era a estrela do *show* e com quem tive um romance passageiro. Quando os jornais ingleses começaram a publicar a minha possível transferência para a Inglaterra, recebi um telegrama de Gloria, em que ela se prontificava a me ajudar nesse meu intento. Mas infelizmente as negociações que haviam sido iniciadas entre o Racing e o médio-volante austríaco Ocwirk, o qual viria para me substituir, foram por água abaixo. E assim fui impossibilitado de me transferir para o Arsenal, permanecendo no Racing. Depois de jogar em vários países do mundo, meu grande sonho era jogar no Arsenal e encerrar minha carreira como futebolista na Inglaterra.

O mundo inteiro esperava o dia em que seria dissipado o mito da invencibilidade do English Team, com a mesma paciência que o gato espera o rato. Eu pensava que, enquanto persistisse a minha crença no valor sobrenatural dos jogadores britânicos, nós, jogadores de outros países, não poderíamos realçar nossas possibilidades. É por essa razão que esperávamos o dia em que a seleção da Inglaterra fosse vencida em seu próprio campo pela primeira vez na história e que os futebolistas do mundo inteiro poderiam dizer: futebol é um jogo universal, em que todos nós poderíamos ter ambições para sermos os campeões. No dia que foi virada a última página da pré-história do futebol inglês, fui um dos poucos brasileiros a viver aquele momento, nas tribunas de Wembley. Desde esse dia memorável, 23 de novembro de 1953, o futebol mundial começou a sofrer grandes transformações. Os húngaros ganharam por 6x3 no "Templo do Futebol" (o Estádio de Wembley). Um ano mais tarde, na Copa da Suíça, a vitória dos alemães contra a Hungria veio mostrar que o futebol era uma força universal. A vitória do Brasil na Suécia, em 1958, mostrou que em futebol não existia mais discriminação de raças.

Impossibilitado de jogar no Arsenal, que era meu sonho, e com a intransigência do diretor de futebol do Racing na reforma de meu contrato, saí de férias para Portugal, atendendo a um convite que me foi feito por alguns amigos. Entre esses amigos, estava Picabéa, treinador do Sporting, o qual havia passado muitos anos no Brasil como jogador e mais tarde como treinador.

Minha estada no país deu origem a boatos de que o Sporting me contrataria, já que estava em busca de novos astros. O jornal *A Bola*, em artigo publicado um dia depois de minha chegada, dizia: "Terá o público português a possibilidade de ver brevemente este homem exibir toda sua arte nos campos portugueses? Tem a palavra o Sporting".

Voltei ao Racing com muita vontade e determinação, treinando em período integral. Minha forma técnica e física estava no máximo. Completava 4 anos de atividades no Racing quando o presidente do clube, sr. Dehaye, convidou-me para almoçar no clube de golfe do Racing, nos arredores de Paris, a fim de discutir o meu futuro no clube. O presidente foi lacônico e preciso: "Yeso, o diretor de futebol, sr. Galley, não é partidário da reforma do seu contrato, não por razões de ordem técnica, mas por questões disciplinares". Respondi que meu desejo era permanecer no Racing, onde começava a ser o mais antigo e tinha público próprio. Aproveitei a ocasião para informar que a reforma do meu contrato com o Racing só ocorreria pelo dobro do que o Arsenal me oferecera, pela própria sugestão do presidente. O presidente ficou de pensar e a reforma do contrato do argentino Carlos Sosa acabou precipitando a decisão. O sr. Galley tinha prevenção também contra Carlos Sosa, mas acabou optando por prorrogar o seu contrato por mais três anos, evitando uma transferência para o Futebol Clube do Porto, tramada por Bogossian, de quem ele não gostava.

Depois da reforma do contrato de Carlos Sosa, o público e os jornalistas em geral pediam a minha reintegração o mais rápido possível. Essa pressão fez com que o clube aceitasse as minhas condições, e assim reformei o contrato por mais uma temporada. Logo em seguida fui ao encontro dos meus amigos no bar Gran Vizir, a fim de avisá-los de que eu iria permanecer no Racing por mais uma temporada. Lá chegando, recebi a triste notícia de que o sr. Paul Nicolas conseguira incutir na idéia da maioria dos dirigentes dos clubes a proibição total de jogadores estrangeiros. A sentença foi decretada no dia 27 de abril de 1955 determinando o veto total para jogadores estrangeiros na França. Assim começava um dos dias mais tristes do futebol francês. O que eu achei ridículo foi que quase nenhum dos dirigentes de clubes reclamou, mesmo tendo, quase todos, um ou dois futebolistas estrangeiros nos seus clubes, que não teriam condições de substituir por jogadores franceses. A oposição foi muito fraca e a suspensão da mão de obra estrangeira na França em matéria de futebol foi votada quase que por unanimidade pelos clubes profissionais da França. O texto aprovado previa que os jogadores estrangeiros sob contrato com um clube francês poderiam continuar exercendo a sua função de futebolista profissional. Mas um novo jogador estrangeiro não poderia assinar um contrato profissional com um clube francês, a não ser que ele residisse na França por sete anos.

Ao terminar essa reunião histórica, da qual o futebol francês saiu com uma nova imagem, os dirigentes de clube foram ao Parque des Princes, onde uma partida curiosamente simbólica opunha a seleção francesa contra a seleção dos melhores estrangeiros que militavam no futebol francês. A seleção estrangeira no primeiro tempo foi algo sensacional, terminando com vantagem mínima. No segundo tempo, com algumas modificações, a seleção francesa se reencontrou e venceu a partida com justiça. A seleção francesa era muito forte na época, com jogadores de alto nível como Raymond Kopa, Piantoni, Vincent, Just Fontaine, Jonquet, Jean Jack Marcel, Marche, Colona. A seleção de estrangeiros tinha Muro, Yeso Amalfi, Carlos Sosa (sul-americanos), Jensen e Nielsen (dinamarqueses), Rijvers e De Kubber (holandeses), Johansseon e Melberg (suecos), Stojaspal e Melchior (austríacos), e outros mais de grande categoria.

Depois dessa partida Paul Nicolas saiu mais fortalecido. Com esse resultado enganador, declarou depois do jogo que o futebol francês não era em nada inferior ao futebol estrangeiro, mas ele se esqueceu que, nessa noite histórica, o melhor jogador da seleção francesa foi Joseph Ujlaki, de origem húngara, nacionalizado francês.

Intimamente fiquei magoado com Paul Nicolas, porque Jules Rimet sempre afirmava que o futebol era um esporte para unir os povos e não desagregá-los. Todos os estrangeiros que jogaram na França, e aqueles que ainda permanecem, criaram para si um carinho todo especial por esse extraordinário país que se chama França. Além de contrariar as idéias de Jules Rimet, Paul Nicolas não ouviu as palavras de alguns franceses eruditos, que eram contra o banimento total dos futebolistas estrangeiros da França.

Retornando ao clube, treinava seriamente em período integral. Jogamos alguns amistosos muito bem, e o time estava bem preparado. Com a chegada de Marche, lateral-esquerdo da seleção francesa, e de Ernest Happel, beque-central austríaco, o Racing se tornou mais forte. Continuava firme nos meus propósitos, num regime intenso de concentração e abstinência, fazendo um bom trabalho, a fim de honrar cada vez mais a minha profissão de futebolista brasileiro. Procurava respeitar o clube e os dirigentes o máximo possível, para que um dia, ao sair do clube, deixasse uma boa e grata recordação de minha passagem pelo Racing Club de Paris.

Acabaram-se as aventuras noturnas. Encontrei a mulher de meus sonhos, com a qual fui viver em Champs Elysées. Modelo de alta costura, era uma mulher esguia com cabelos negros que brilhavam. Seu olhar era penetrante, impossível de desviar, parecia que tinha o poder de tocar a minha alma e me fazer de escravo. Sua voz era como o canto das sereias, seus lábios eram rosados com uma pequena umidade e com um sorriso inocente e puro como de uma donzela, sua pele era alva com uma pequena oleosidade exalando um perfume suave. Após conhecê-la, descobri com intensidade o que Deus quis nos proporcionar e até onde chegava a sua capacidade de criação. Antes de viver comigo, alertou-me que viajava todos os sábados, retornando às segundas-feiras e pediu-me para nunca lhe perguntar a razão. Disse-me ainda que eu era o único homem que amava e amaria eternamente, não existia outro e não existiria jamais. E assim foi durante alguns anos, até que um sábado ela viajou para nunca mais voltar.

Após jogar um estupendo campeonato, com muita disposição e coragem, chegara o grande momento da filmagem de um documentário sobre minha vida na França, cujo texto fora escrito por Jean Cornu, jornalista do *France Football*, com comentários de André Marin, sob a direção de Gilberto Cocanaz. Pouco depois, defini minha transferência para o Red Star, concretizando o sonho de Jules Rimet, que sempre me pedia para encerrar a minha carreira nesse clube, fundado por ele em 1930.

Nesse último campeonato que defendi o Racing, a cidade-luz (Paris) foi muito generosa comigo. Antes de ingressar no futebol profissional, via o futebol de uma maneira diferente, mas, com o decorrer do tempo, cheguei à conclusão de que não passava de uma ilusão passageira. Para conhecer o mundo, meu sonho, só com o futebol. O jogador de futebol era e ainda é como um artista de cinema ou um galã de TV. Enquanto conserva seus dotes naturais de boa pinta, despertando a atenção das mulheres em geral, tudo bem. Mas quando as primeiras rugas começam a aparecer, vem a decadência e o galã torna-se um Deus vencido, uma luz sem brilho, uma estrela apagada. O futebol é uma profissão como outra qualquer. Temos nossos problemas íntimos, como a maioria dos artistas.

Como jogador de futebol profissional, creio que fiz um trabalho honesto, elevando sempre o nome de nosso país no conceito internacional. Após a Segunda Guerra Mundial, fiz saber aos europeus, especialmente os de origem latina, e em particular aos franceses, que Brasil é Brasil, Argentina é Argentina, Uruguai é Uruguai e assim sucessivamente. Quantas e quantas vezes fui cantado em prosa e verso, por jornais famosos da Europa me chamando assim: Yeso Amalfi, o brasileiro de Buenos Aires... Yeso Amalfi o brasileiro da Rumba e do Cha-cha-cha, e outras coisas mais que nada tinham a ver com o Brasil. No documentário que foi rodado em Paris, com o título de "Bon Jour Monsieur Yeso Amalfi", tive a oportunidade de mostrar aos europeus que São Paulo era o maior centro industrial da América Latina e que o Rio de Janeiro era uma cidade deslumbrante e maravilhosa. Pouco a pouco eles foram aprendendo um pouco da história do nosso povo, com seus costumes, suas tradições, seu modo de vida, sua música, sua forma de governo. Conseguimos transformar o Café Gran Vizir, perto do Arco do Triunfo, num verdadeiro ponto de encontro dos brasileiros, com nossa bandeira, nossa música, nossos costumes e nosso passado. Nas antigas vitrolas movidas a moedas nós tínhamos vários discos brasileiros, que vinham pela Panair do Brasil. A nossa música era aceitável para os franceses, com um certo entusiasmo principalmente em Saint Germain des Prés, onde Moustache, Regine e Sacha Distel eram os mais entusiastas. Apesar de nossa influência, eles continuavam a dizer "La Samba". Quanto ao futebol brasileiro, tinham gratas recordações de Leonidas da Silva, o homem de borracha, e de Domingos da Guia. Vez ou outra jantava no Calavados, em frente à loja de alta costura de Jaques Fath. A frequência do Calavados era dominada por turistas abonados, por ser um ambiente supercustoso. Foi por muito tempo o ponto ideal de alguns brasileiros, que tinham residência fixa em Paris. Entre os *habitués*, havia um moço de nome Vinicius de Morais, alto funcionário da Embaixada do Brasil, cujas qualidades de músico, compositor, cantor, escritor e poeta eram por nós desconhecidas. Soubemos mais tarde de suas qualidades artísticas, após o lançamento do filme *Orfeu Negro*.

Foi nesse Calavados que festejei a assinatura de meu contrato com o Red Star. Encontrei nesse clube um excelente ambiente assim como meu antigo treinador, Angelo Grizetti (A.S de Mônaco). A minha liberação para o Red Star foi um erro gravíssimo do sr. Marcel Galley, pois naquele momento eu atravessava a melhor fase de minha carreira.

Paris tinha mais dois clubes profissionais de grande tradição: Red Star e Stade Français. O Racing Club de France não admitia o profissionalismo, mantendo apenas o departamento amador de futebol e outros esportes em geral, em particular tênis e atletismo. O Racing Club de Paris, que disputava o Campeonato Francês da Primeira Divisão, era financiado por alguns dirigentes do Racing Club de France, pelas grandes arrecadações e pelos amistosos internacionais. Grande parte dos clubes da Europa tinha sempre em suas fileiras dois ou três grandes nomes do futebol mundial, levando assim muito público aos estádios. Quem não tinha pelo menos uma estrela, não faturava. Esse problema foi objeto de múltiplas discussões entre as pessoas que dirigiam o Racing, e a maioria hesitava em me transferir para outro clube. A totalidade dos cronistas esportivos na época afirmava que, quando eu não jogava, o time do Racing se tornava um time comum, sem personalidade, sem flama, deixando-se abater facilmente. Os anti-amalfistas se esqueciam de que a base do elenco tinha sido indicada por mim, com jogadores de alta categoria como Canhotinho (número 10 ou 11 do Palmeiras e da seleção brasileira); Carlos Sosa (meu companheiro do Boca Juniors, titular absoluto da seleção argentina como médio-volante); Hernest Happel (titular da seleção austríaca como zagueiro-central estilo Domingos da Guia). Outro grande jogador que estava no Racing conosco era o lateral-esquerdo titular da seleção francesa, Roger Marche. O que acontecia é que o nosso time não tinha reservas à altura, porque a maioria eram jovens de futuro, mas inexperientes. Quando eu me ausentava, o que acontecia raramente, o time sofria.

O jogador de futebol tem que estar sempre de bom humor, bem preparado fisicamente e moralmente, porque na maioria das vezes, quando nos contundimos ou quando passamos por problemas particulares, jamais somos compreendidos. Felizmente, na minha vida de futebolista, raramente aconteceram esses imprevistos. Nas poucas vezes em que aconteceram, jamais eles acreditaram nas minhas contusões ou em noites mal dormidas. Diziam: "o brasileiro está fazendo corpo mole".

Fui para o Red Star para mais um grande desafio. Além de minha contratação, o time contratou o ponta-de-lança sueco Melberg, o zagueiro-central Lamy e o ponta-direita Daniel, formando um time de muito respeito. Jogamos a primeira partida amistosa em Montluçon, no Estadio Dunlop, com casa cheia. O Red Star vinha de um passado glorioso, ganhando 5 vezes seguidas a Copa da França e 3 vezes o campeonato francês alternadamente. Depois de alguns tropeços no início do campeonato, o Red Star começou a reagir de maneira fulgurante, com 4 empates seguidos fora de seus domínios contra F.C Sete, Roubaix, Besançon e Montpellier e 5 vitórias consecutivas em nosso estádio, subindo na tábua de classificação e ficando entre os quatro primeiros. Fazia muitos anos que o Red Star não permanecia tanto tempo invicto, com presença maciça de público e ótimas arrecadações. Como era de se esperar, começaram os elogios pelo crescimento do Red Star, e pesadas críticas ao Racing por ter me deixado partir.

Com a vitoriosa campanha do Red Star, começaram a chegar convites do exterior, especialmente da Inglaterra e Suíça, para jogos amistosos, exigindo a minha presença. Retornei à Inglaterra com o Red Star e, como de costume, fui muito bem recebido. Fizemos dois jogos amistosos contra o Plymouth Argile e Newport-Country. Esses dois amistosos foram muito bons para o Red Star, que havia mais de 20 anos não recebia convites para jogar no exterior. O sucesso do Red Star no campeonato fez com que o Olympique de Marselha, que estava praticamente rebaixado à Segunda Divisão, fizesse uma proposta irrecusável ao time, para que eu disputasse as 16 partidas do returno, a fim de ajudar a realizar o milagre de salvar o Olympique de Marselha da Segunda Divisão. Até aquele momento, Marselha jamais havia conhecido o dissabor de cair para a segunda divisão. Assim foi iniciada uma verdadeira guerra entre o Red Star, Racing Club de Paris e Olympique de Marselha. Uma reportagem publicada na época descrevia bem a situação:

Seria um pecado capital o Red Star transferir Yeso Amalfi ao Olympique de Marselha porque os parisienses perderiam seu ídolo de vista. Yeso Amalfi já é uma história para nós em Paris e não uma lenda. O Red Star que estava capengando por uma vintena de anos, já era candidato para ascender à primeira divisão, portanto não havia dinheiro que pagasse a sua saída do clube. Essa ascensão fulgurante do Red Star e a volta do público no tradicional Bairro de Saint Ouen deviam-se em parte ao Virtuose du Football, Yeso Amalfi. Mestre na arte de enviar seus adversários ao vento, "Le Beau Yeso" é sensacional. Sua velocidade, seu raciocínio rápido, sua maneira de driblar, de fazer da bola sua escrava, são verdadeiramente desconcertantes para aqueles que têm o pesado e doloroso trabalho de marcá-lo. O treinador Willians Colas, que assistiu à rodada dupla Racing x Toulouse e Red Star x Stade Français, não escondia a sua admiração por esse jogador brasileiro que se encontrava no melhor de sua forma. Willians Collas nos dizia que, das quatro equipes que fizeram a rodada dupla, sem dúvida alguma o Red Star foi a que melhor se apresentou.

Logo após o jogo, fui jantar no Val D'Isére, na Rue Berry em Champs Elysées, com meus amigos do bairro. Eles falavam pouco e estavam apreensivos. Ao sairmos do Val D'Isére, por simples coincidência nos encontramos com alguns dirigentes de Marselha, os quais me fizeram uma proposta irrecusável. Por ser tarde da noite, marcamos um encontro para o dia seguinte, logo após o almoço. Por uma questão de ética profissional, a última palavra seria do presidente do Red Star. Depois de muitas conversações, deveríamos concretizar o negócio após o jogo em Toulon.

Em fevereiro de 1956, pedi licença ao clube para ir a Monte Carlo assistir ao casamento do príncipe de Mônaco com a rainha do cinema Grace Patricia Kelly. Esse pedido foi aprovado pelo presidente do Red Star e assim fui para Nice, com uma semana de antecedência, hospedando-me como sempre no Hotel Durante. Nesse mesmo dia ao anoitecer, dirigi-me a Monte Carlo a fim de encontrar-me com os repórteres e meus grandes amigos brasileiros, David Nasser e Luiz Carlos Barreto. Por ter livre acesso no Principado de Mônaco eu poderia ajudá-los durante as festividades do casamento. Esse casamento significava a consagração da aristocracia, despertando mais interesse no mundo exterior que na própria França. O Principado se transformou num verdadeiro país das maravilhas. Naquele momento a população do Principado de Mônaco se tornava heterogênea, com a presença de turistas e jornalistas de todas as partes do mundo. Esse casamento foi muito bem preparado como um filme romântico, com o príncipe Rainier e Grace Kelly como estrelas principais.

Três dias antes da festa do casamento, houve uma noite de Gala no Teatro da Ópera de Mônaco. Fui até o teatro e fiquei ao lado do comandante da guarda de honra do príncipe, e assim tive a oportunidade de ver os noivos Rainier e Grace chegarem ao Teatro. Houve um tumulto muito grande e quando o príncipe entrou com Grace, os ânimos ainda não haviam sidos serenados.

Quando o casal deixou o teatro, já passava das 2 da madrugada. Antes de sair do teatro, o príncipe, por intermédio de seu ajudante de ordens, deixou um comunicado para a imprensa, avisando que no dia seguinte receberia dois jornalistas de cada país. Por princípio não seriam permitidas entrevistas. Acompanhei David Nasser e Luiz Carlos Barreto, correspondentes da revista *O Cruzeiro* na Europa, na hora marcada, porque sabia de antemão que o príncipe iria fazer uma surpresa agradável aos jornalistas numa entrevista coletiva. O príncipe abriu as portas aos jornalistas e fotógrafos e os atendeu democraticamente. Os homens da crônica escrita e falada saíram encantados com o príncipe.

A cerimônia do casamento civil foi acompanhada por poucas pessoas, entre as quais diversos membros da nobreza europeia. David Nasser, Luiz Carlos Barreto e eu estivemos lá.

Após as festividades regressei a Paris e depois de muito refletir, aceitei o convite do presidente do Olympique de Marselha, para conversarmos seriamente sobre uma possível transferência. Antes do casamento do príncipe eu já havia resolvido abandonar o futebol, e regressar definitivamente ao Brasil, porque, além das saudades, depois de muitos anos fora do convívio familiar, eu achava que já teria dado a minha contribuição para o Brasil apagar a triste imagem deixada com a famosa derrota do Maracanã.

A situação do Olympique de Marselha era muito difícil, e eu era um dos poucos sul-americanos em que os franceses acreditavam, para reverter esse momento angustiante. Eu ainda estava um tanto revoltado com os últimos acontecimentos que tinham envolvido os jogadores estrangeiros, particularmente os sul-americanos. Por essas razões e outras mais, eu estava em dúvida para assinar contrato com o Olympique e, sendo assim, fui até Nice conversar com meus amigos. Num jantar em família, eles me aconselharam a aceitar essa difícil missão, em homenagem não só ao Olympique de Marselha, como a outros sul-americanos que haviam passado por esse glorioso clube. Esse jantar foi um dos mais emocionantes na trajetória de minha vida, reunindo numa verdadeira comunidade sul-americana, com suas respectivas famílias, amigos como Pancho Gonzalez, Carlos Sosa, Rubens Bravo, Luiz Carniglia, Nelson Zéglio,

Raul Conti, Brandãozinho, Candido Montagnoli e Alberto Muro.

E assim viajei para Marselha, com o espírito pronto para mais uma aventura. Seria, sem dúvida alguma, a derradeira etapa de minha carreira como futebolista, num campeonato difícil.

Meu primeiro treino no Estádio Velodrome foi um sucesso, com recorde de público. Senti que poderíamos reverter a situação, pela alta qualidade de jogadores como Anderson, Jessen, Mola, Leonéti, Vescovalli, Jean Jack, Marcel. Apesar da festa de apresentação, o que mais me surpreendeu foi uma reportagem que saiu no dia seguinte, em um dos jornais de Marselha, com o seguinte título: "Yeso Amalfi – mito ou lenda?". Em resposta a isso, procurava provar em campo aquilo que eu sabia fazer: jogar futebol, dar alegria ao público que sempre me prestigiava.

A primeira surpresa agradável em Marselha foi o reencontro com Tony Bessy, primeiro repórter esportivo que conheci, quando desembarquei em Cannes, pisando solo francês. Fiquei muito lisonjeado com a presença de Tony e com o apoio de alguns jornalistas famosos como Gabriél Hanot, Louis Naville, Lucien Gamblin, Mario Brun.

De comum acordo com jogadores e dirigentes, transferimos os treinos para um local fora da cidade e foi contratado um novo treinador, o qual era uma velha raposa italiana, muito experiente e engraçado, amigo dos jogadores e acostumado a situações difíceis. Essa figura extraordinária era o italiano Joseph Zilizzi. Os treinos passaram a ser integrais (dois períodos), com ensinamentos táticos e na maior parte com bola em movimento. Ele montou o time no sistema brasileiro, idealizado por Martim Francisco, o famoso 4-2-4, mas com algumas variações. Na França somente o meu ex-clube, o Racing Club de Paris, jogava nesse sistema e caminhava muito bem. Ele nos dizia que nós poderíamos fazer o mesmo, mas os jogadores viviam um momento de pavor, e por essa razão queriam se desembaraçar da bola o mais rápido possível.

Quando terminou esse famoso treino, Zilizzi chamou os jogadores e disse: "Amanhã no treino matinal eu darei para o Yeso o medicamento para a nossa salvação. Esse medicamento somente ele vai ingerir, e amanhã durante o treino de conjunto vocês tomarão ciência do que vai acontecer". Todos os jogadores ficaram perplexos, pensando: "O que será que o velho vai aprontar?". Até eu fiquei curioso. No dia seguinte, quando estávamos no vestiário, já prontos para iniciar o treino coletivo, ele nos reuniu e disse: "entrem todos no campo, e só o Yeso Amalfi vai ficar no vestiário, tomar o remédio e depois entrará comigo". E tudo isso foi obedecido com a maior seriedade. Quando os jogadores entraram em campo, ele me chamou e disse: "Eu tenho comigo uma latinha de pastilhas sicilianas para a garganta e vou dá-las a você para realizarmos o milagre. Você vai cantar o jogo inteiro, a cada momento que a bola estiver conosco ou com o adversário". Assim ele praticamente avisou que eu seria o regulador do time, e que a bola deveria chegar redonda na frente. Seu lema principal era velocidade, poder de marcação e valorizar o máximo possível a posse da bola. Quem é dono da bola é dono do jogo.

Na véspera do primeiro jogo, ou seja, na minha estréia, Zilizzi me chamou e convidou-me para fazer uma preleção aos meus companheiros após o jantar. Tal foi a sua insistência que resolvi falar, e foi assim: "Meus caros companheiros e treinador: Quando um homem de bom gosto quer comprar um perfume para sua namorada, entre 50 tipos de perfume, ele escolhe um artigo vindo da França. La Paella é espanhola, la Pizza é napolitana e o futebol é o Brasil".

Com o espírito renovado e a confiança que nos deu Zilizzi, partimos para a primeira partida com as forças redobradas, seguros de alcançar a nossa consagração. Nosso primeiro jogo foi contra o Nice e, por força do destino, eu deveria jogar contra meus ex-companheiros. Fazia frio e ventava um pouco, mas felizmente o mistral (vento fortíssimo que passa por Marselha) estava longe. Essa primeira partida foi sucesso de público, e numerosos esportistas da região estavam presentes. Iniciamos a partida de acordo com nossos treinamentos. Velocidade e poder de marcação. Nosso time estava bem na partida, do meio campo para a frente, mas a defesa batia roupa (não se encontrava). Zilizzi percebeu e me avisou para que Jean Jack Marcel jogasse de líbero, e assim ficou certinho. Fiz o primeiro gol de falta e preparei o segundo para Scanéla. Fizemos a bola correr e mantivemos o resultado até o final: 2x0. O essencial foi ganhar essa primeira partida.

Apesar dessa vitória, precisávamos melhorar muito, a fim de espantar o fantasma do descenso. O campeonato seguia em ritmo normal, e continuávamos invictos em nosso campo. A cada partida o nosso time ia crescendo de produção, e nós tínhamos certeza de sair do sufoco. Alguns jogadores mais jovens começavam a se destacar, mas as grandes figuras do time eram Gransard e Marcel, com uma disposição fora do normal. Marcel tinha o estilo de Danilo Alvim e Gransard seria o nosso De Sordi. Quanto a mim, meu papel era segurar a bola, tocar no momento exato, cantar o jogo, pedir empenho, e o time obedecia. Às vezes eu era injustamente criticado por segurar a bola, quando o jogador criticado deveria ser aquele que não se desmarcava para receber a bola (o famoso "toca e sai").

O fim do campeonato se aproximava e nós tínhamos 4 partidas para jogar: Saint Etienne e Sedan em Marselha e Racing Club de Paris e Sochaux fora de casa. A minha grande prova de fogo seria o Racing Club de Paris. O público de Paris me aguardava com impaciência, em especial os meus amigos. Chegamos a Paris com muita festa. Como de costume, ficamos alojados no Hotel Univers de Portugal.

Chegou o domingo do tira-teima. O Estádio do Parc des Princes estava complemente lotado. A partida se iniciou com muito empenho dos dois lados. Jogo técnico e muito limpo, com futebol de primeira categoria. O público aplaudia intensamente. Fiz o primeiro gol de capote, em jogada individual. Logo em seguida veio o troco. O Racing empatou e depois de alguns minutos terminava o primeiro tempo. O segundo tempo começou no mesmo ritmo do primeiro tempo. Jogo duro e equilibrado. O empate seria o mais justo, pelo lindo espetáculo proporcionado pelos dois clubes tradicionais. A um minuto do final, o jovem Senac, do Racing, fez um lindo gol, e em seguida terminou a partida. Grande injustiça, mas o futebol é assim mesmo.

Nossa situação se complicou. Deixamos Paris e entramos em Marselha de cabeça erguida. Fomos bem recebidos em nosso retorno. Durante a semana nos preparamos bem para receber o Saint Etienne. Em Marselha só se falava nesse jogo. A semana passou como um raio e já estávamos no domingo do jogo. Estádio superlotado. Arrasamos o Saint Etienne com uma exibição primorosa. O placar foi de 2x0, mas os números não expressavam a superioridade do Olympique de Marselha.

O nosso penúltimo jogo era contra o Sochaux. A cidade de Marselha sentia que nós chegaríamos ao nosso objetivo. Nada mudamos em relação ao nosso preparo. E assim partimos para Sochaux, com o mesmo pensamento do início do segundo turno: salvar o Olympique de Marselha da Segunda Divisão. Fomos para o jogo de peito aberto e dominamos o Sochaux completamente. Vencemos por 2x0 com todos os méritos.

Quando jogamos em Sochaux, deu-nos a impressão de estarmos jogando em Marselha, pelo número maciço de carros particulares e ônibus em quantidade desproporcional. O público de Marselha nos deu um exemplo de solidariedade. O jogo foi muito agradável. Terminada a partida, retornamos em seguida para Marselha numa longa e cansativa viagem de trem. A recepção em Marselha foi muito calorosa, como se nós tivéssemos vencido o campeonato. Descansamos na segunda-feira, e na terça-feira partimos para Realtor, um dos recantos mais calmos e mais repousantes, nos arredores de Marselha. Fomos muito bem preparados desde a chegada de Zilizzi, como se todas as partidas fossem uma decisão, o que foi a pura verdade.

Voltamos à cidade no domingo, dia 11 de maio de 1957, para a batalha final no Estádio Velodrome de Marselha. O tempo era ideal para um jogo de futebol. O termômetro marcava 22 graus à sombra. Antes de abrir os guichês já havia umas 15 mil pessoas circulando em volta do estádio, à procura de ingressos. O Sedan, que era um time muito bem armado, entrou em campo com sua melhor formação, com exceção de seu goleiro titular Bernard, lesionado durante um jogo amistoso no decorrer da semana. O presidente do Sedan, M. Laurent, declarou que seu clube jogaria o máximo possível contra Marselha, apesar de não ser um jogo de vida e de morte para seu clube. De nossa parte nós estávamos cientes de nossa responsabilidade e, portanto, prontos para o jogo decisivo. Antes de entrarmos em campo chamei o presidente e o treinador e disse apenas: "Estamos todos bem, moralmente e fisicamente, portanto não há nada a temer. E eu jamais perdi uma decisão importante como a que vamos enfrentar". Entramos em campo ao mesmo tempo que o Sedan, e o público lotava as dependências.

Iniciamos a partida terrivelmente animados. Jogávamos contra o vento, mas nosso domínio era total. Basta dizer que em 6 minutos, tivemos cinco escanteios seguidos a nosso favor. Sedan estava em sérias dificuldades e não encontrava espaço para jogar. Os jogadores de Marselha lutavam como verdadeiros heróis. O garoto Rusticelli estava infernal, mas não encontrava espaço para concluir, porque a defesa de Sedan era sólida e o goleiro reserva fazia milagres. A torcida feminina de Marselha começou a se manifestar, e nós sentimos que não perderíamos a partida, e na pior das hipóteses um empate seria como uma vitória. O ataque de Marselha não se encontrava e tinha dificuldades pela força do vento e, mesmo com o domínio total, terminamos o primeiro tempo empatados sem abertura de contagem. Restavam-nos apenas 45 minutos para que fosse estabelecido o nosso futuro. Começou o segundo tempo e nosso time continuava agressivo e ameaçador, não dando qualquer tipo de chance ao adversário. Nossos ataques eram rápidos e eficazes, e a torcida empurrava o time. Finalmente, aos 61 minutos, recebo a bola do jogo no meio do campo e parto em alta velocidade pelo lado esquerdo da defesa adversária, atraindo os defensores do Sedan. Vejo Vescovalli se deslocando pelo lado direito. Com um leve toque para Rusticelli o coloquei numa situação privilegiada e ele inteligentemente levantou a bola na medida para Vescovalli, que cabeceou sem apelação, e assim foi aberta a contagem.

O estádio veio abaixo, dando a impressão que ia desabar, tal o entusiasmo do publico. Zilizzi me fez sinal para segurar a bola. Praticamente estávamos salvos, porque o Sedan precisaria marcar dois gols em 15 minutos. O Sedan realizava partida medíocre e o vento atrapalhava demais. O juiz teve a intenção de suspender a partida a três minutos do final. Aos 86 minutos, acontece um verdadeiro desastre, numa bola perdida: Salzborne dá um chutão do meio do campo e a bola resvala num defensor de Marselha e o Sedan empata o jogo. Os dois minutos finais foram angustiantes para nós, apesar de o Sedan se trancar na defesa. O Sedan não queria jogo, estava satisfeito com o empate.

Depois de alguns instantes o árbitro apita o final da partida, e assim liberta o público e os jogadores de suas obrigações e seus temores. Finalmente o Olympique de Marselha estava salvo. O ponto ganho no empate foi o suficiente para a permanência na Primeira Divisão. A equipe saiu do campo sob os aplausos da numerosa torcida, e o nome de Amalfi é saudado com muito entusiasmo pela multidão, que grita sem cessar: "Amalfi, Amalfi é o nosso Salvador".

Desceram para a Segunda Divisão Metz e Beziers. E assim termina a minha última aventura nos campos de futebol.

Depois de encerrar minha carreira no Olympique de Marselha, voltei a morar em Paris, onde conheci uma mulher lindíssima, de nome Colette, manequim de Jacques Fath e Givenchy. Nós nos apaixonamos à primeira vista e logo nos casamos.

Algum tempo depois, casado e com muitas saudades de meus familiares e de meu país, voltei ao Brasil.

CAPÍTULO XII

RETORNO AO BRASIL

Chegamos a São Paulo, passamos alguns meses com meus pais, mas fomos morar com minha irmã Egle, cunhado Mauro e os meus sobrinhos Sonia e Sérgio.

A repercussão de minha carreira na Europa era imensa aqui no Brasil. Não faltavam convites para trabalho, como técnico e comentarista esportivo, que nunca aceitei. Apenas ilustrava inúmeras mesas redondas em todas as emissoras de TV., bem como participava de entrevistas e reportagens nos melhores jornais e revistas do país.

Apesar de casado, como sempre fui boêmio, adorava freqüentar as noitadas paulistanas. Estava sempre com meus amigos nas boites da Rua Major Sertório e adjacências, principalmente a La Vie em Rose e Michel; depois, também o famoso La Licorne e Sacarabocchio.

Minha mulher, Colette, não concordando com meu estilo de vida e não se adaptando ao Brasil, repentinamente retornou a Paris e nos separamos.

Eu, meus amigos veteranos de futebol, jornalistas e companheiros da madrugada fundamos o Clube Sereno, com sede na Avenida São João quase esquina da Rua Dom José de Barros. Formamos um time de várzea, em que, por algum tempo, fui treinador e quase sempre saíamos vitoriosos nos jogos. Todas as noites nos reuníamos no clube para bons bate-papos e por vezes um jogo carteado. Entre os frequentadores, me lembro muito do Zezinho, que após jogar no São Paulo Futebol Clube, aos 37 anos de idade ainda foi contratado pelo Sport Clube Recife. Também me lembro do Waldemar de Brito, grande cantor amador de tango e descobridor do rei Pelé, em Bauru.

Como a vida continua, conheci Ruth, me casei, tivemos três filhos, Yeso Jr., Marcello e Fabio. Logo após o nascimento do último, nos separamos e criei os meninos praticamente sozinho.

Nos dias de hoje, por coincidência, moro em São Paulo, na Rua Maria Paula, no bairro Bela Vista, onde vivi minha infância e joguei minhas primeiras peladas. Meu primogênito, sua mulher e minha netinha Carolina moram comigo.

Essa rua me lembra muito Paris, devido às suas velhas construções, às árvores centrais e às belíssimas luminárias antigas.

E, assim, agora octogenário, porém, ainda com boa saúde e lucidez, deixo o relato de minhas belas lembranças.

Epílogo

Ao terminar este livro, quero dedicá-lo ao mundo do futebol e a todos aqueles que me acompanharam, nesta caminhada através dos tempos.

Fiz o que era possível pelo bem do futebol, que foi e sempre será minha eterna paixão. Uma imensa legião de amigos e adversários, que estiveram comigo em diversos países, em especial os que já se foram, também figuram nas páginas deste livro, escrito com respeito, amor e carinho, deixando-me gratas e sinceras recordações.

Num determinado momento de minha vida como futebolista, encontrando-me ainda em boas condições físicas e morais, meditei algum tempo e, antes de abandonar o futebol, cheguei à conclusão de que, como profissional antigo, não deveria esquecer que essa determinação é fatal para todos. Tudo tem seu fim, e portanto preferi encerrar minha carreira no auge de minha forma física e técnica, evitando assim os desenganos, as inglórias e o cansaço, como tem acontecido com vários ídolos que me antecederam.

Na minha época nós entravamos no futebol por amor e devoção: de corpo e alma. Éramos no princípio todos iguais. Começávamos na rua, em terrenos baldios, em depósitos de lixo, em praças sem movimento, como no buracão do Éden Liberdade, onde na maioria das vezes as partidas terminavam sob a luz dos lampiões. Nas Ruas Caetano Pinto e Monsenhor Andrade os rachas da molecada eram bem disputados. Éramos uma tropa de garotos com muita união, jogando com bolas de meias, de papel, de borracha, de tênis, de capotão, enfim de acordo com nossas possibilidades. Quantas e quantas vezes nós suprimíamos as sessões de cinema, as revistas de aventuras, as figurinhas, as bolinhas de gude, os bombons e cigarros de chocolates, os passes de bonde e de ônibus, a fim de fazermos um rateio, com a justa finalidade de comprar uma bola de capotão. Quando isso acontecia era uma verdadeira festa.

Com o correr dos tempos, mais crescidos, nós começávamos a fazer parte do clube do bairro, enfrentando clubes de outros bairros, em campos de várzea, lá nos confins das linhas de bonde ou de ônibus. Que júbilo e que alegria, quando vencíamos. Tínhamos a impressão de plantarmos uma árvore de natal, no fundo do coração. Fazíamos projetos, mas esses projetos eram difíceis de serem realizados, na fria realidade de nossa infância.

Por essas razões e outras mais, gostaria de dizer a todos aqueles que jogaram e jogam em terrenos baldios, que marcaram gols em muros pintados, que quebraram vidraças, que cabularam aulas, que atrasaram a entrega do leite e do pão, que esfolaram heroicamente os joelhos e os dedos, coroados de arranhões, que o meu começo foi assim. E cada vez mais fui me apaixonando pelo futebol, que, para mim, foi uma vida e, desde a infância, a mais bela das batalhas.

Artigo

Redescobrindo Yeso Amalfi, o homem que conquistou Paris*

A jovem guarda não sabe quem foi Yeso Amalfi. Não sei se sua vida está em livro; deveria estar. Ele foi um tipo inesquecível da geração romântica que se estendeu até 1950 mais ou menos, quando o futebol brasileiro começou a se libertar do espírito boêmio para ingressar no profissionalismo argentino e metódico. Yeso foi um meia-direita de técnica acima da média, chamava a bola de tu. Apareceu em peladas colegiais, entrou no São Paulo pelos velhos portões do Canindé, foi um juvenil de ouro.

Estávamos começando, ele com o pé na bola, eu com as mãos no papel e nas tintas que vida afora povoaram minha pobre existência. Eu mesmo me pergunto por que estou hoje a escrever sobre ele? Um cronista de amenidades tem o direito de fazer digressões, enveredar-se, retirar do fundo do tempo pessoas, como Yeso, que um dia foram primeira página em Buenos Aires e Paris. Sempre se disse que o futebol fez mais pelo Brasil do que nossas Embaixadas. Parece que o primeiro craque tupiniquim a chegar ao Exterior foi Ministrinho, um certo Pedro Seragiotto, ponta-direita do Palestra Itália que aos 16 anos jogou na Seleção Paulista. Foi tal o sucesso do menino que o Milan e a Lazio logo se abarrotaram de brasileiros. Júlio Botelho, emigrado em 1953, hoje é busto na Fiorentina. Sem falar em José Altafini, menino caipira em Piracicaba, que chegou à Seleção Italiana, em 196....?????

Yeso Amalfi faz parte dessas levas de andarilhos bem sucedidos. Jogou no Boca Juniors, um dia desceu em Paris, onde passaria os melhores anos de sua vida, desfrutando de popularidade que lhe permitia conviver com políticos, homens de negócios e mulheres lindíssimas. Depois de Santos Dumont, Yeso foi o brasileiro mais notável

---

* Artigo originalmente publicado na coluna "Três Minutos" da Revista Gazeta Esportiva, em data não identificada.

na França. Outro dia fiz-lhe, na coluna, uma referência ligeira, e fiquei sabendo por amigos que ele se emocionou. Meu caro Amalfi: venho trazer-lhe hoje uma crônica inteira, refazendo lembranças comuns daquele velho 1942.

O futebol brasileiro produziu três rostos de porcelana: Heleno de Freitas, Yeso Amalfi e Raí. Três homens que as mulheres, antigamente, chamaram de Rodolfo Valentino ou Clark Gable. E como jogaram bola os três!

José Silveira

Coletânea de Imagens

Campeão Paulista de Aspirantes pelo São Paulo, em 1943

Assinando contrato com o Boca Juniors

Na capa do jornal do Boca Juniors, em 1949

No forte time do Boca Juniors

Jogando pelo Boca Juniors, no fim da década de 40

EL COMIENZO DE LA CRISIS DEL FUTBOL

Es indudable que muchas veces los dirigentes cometieron abusos con los jugadores. En ocasiones, se aplicaban multas caprichosamente por sumas similares a las que se adeudaba al futbolista; otras veces se los tenía largas temporadas sin jugar por un motivo cualquiera. Estos y otros vicios existían, sin dejar de reconocer que en ocasiones eran los jugadores quienes no cumplían con los clubes. Por ello, la creación de Futbolistas Argentinos Agremiados en 1945 llenó una necesidad. Y fue la entidad gremial la que tuvo activa participación en el conflicto, ya que al realizar un paro de un minuto al disputarse la vigésima quinta fecha, (pese a la amenaza del Consejo Directivo de la A.F.A., que había anticipado la suspensión de los campeonatos si esa medida se cumplía), desencadenó la crisis. Suspendido el certamen, después se intentó reanudarlo, pero ya no fue posible hacerlo porque al desconocer la A.F.A. todo lo actuado con la entidad gremial, movió a ésta a declarar la huelga general, que se cumplió con solidaridad casi total.

Ese fue el punto de partida de una gravísima crisis para el fútbol argentino, ya que provocó el éxodo de muchos de los más brillantes jugadores, y que comenzaría a producirse a principios de 1949.

Uno de los muchos ataques que presentó Boca a lo largo del año: Boyé, Negri, Heleno, Amalfi Yesso y Pin

No Boca, formando um poderoso ataque com Boyé, Negri, Heleno de Freitas e Pin

Com Gomes Sanches, Heleno de Freitas e um diretor do Boca Juniors

*Desembarcando na França
para um período de grande êxito*

*Sua chegada ao Olympique de Nice
foi motivo de muita expectativa*

Na Copa Rio de 1951, com Jair da Rosa Pinto

O time do Olimpique na Copa Rio de 1951, formado por Germain, Rossi e Firoud; Boniface, Gonzalez e Belver; Beveli, Bengtso, Yeso Amalfi, Carré e Hajalmarson

*Em 1991, saudado com destaque em Nice,
40 anos após sua passagem pelo Olympique*

"O DEUS DO ESTÁDIO" ADVERTE:

"CUIDADO COM OS EUROPEUS"

Entre 90 estrangeiros que militam no futebol francês o brasileiro Amalfi é o "dono da praça" — O Racing e a Federação Francesa oferecem milhões para êle se naturalizar, mas Iêso prefere continuar brasileiro — A história de um noivado que não durou mais que três dias — Falando da próxima Copa do Mundo: "Todos os selecionados da Europa que vão tomar parte na próxima Copa são candidatos poderosos".

Texto e fotos de LUIZ CARLOS BARRETO

SEU VERDADEIRO amor não é Madeleine; é Teresinha, brasileira da gema.

DOIS BRASILEIROS EM PARIS. Iêso e Canhotinho conquistaram a França.

EMPUNHANDO UM REVÓLVER. A fama levou-o à tela: "gangster"...

A LINHA DO "RACING", onde Iêso e Canhotinho têm atuação predominante.

NUM DOS CÉLEBRES "Cafés" de Paris, o jovem brasileiro com amigos.

PARIS — *Via Panair*

EM qualquer ponto de Paris quem anda ao lado dêle ouvirá um passante dizer com surprêsa — Amalfi! no tom de voz de uma pessoa que se avistou com um deus. Amalfi (o francês pronuncia assim mesmo, acentuando a última sílaba) em verdade é um deus, em França. E' um dos idolos do público parisiense, assim como o são Chevalier, Jean Gabin, Martine Carol e Jaqueline François, cada um no seu ramo de atividade.

Muita gente no Brasil há de perguntar: quem é Amalfi? Que faz êle? As respostas estão aqui: Iêso Amalfi (28 anos), paulista, filho de um casal de origem italiana, excelente jogador de futebol com sérias tendências para cigano. Senão vejamos a história de sua carreira esportiva: começou a jogar futebol, a sério, pelo juvenil do São Paulo F. C. e, fazendo valer suas qualidades de craque, ascendeu ao time de aspirantes.

Sem demorar muito alcançou o quadro principal. Isto numa época em que integravam o time do "São Paulo" astros como Leônidas, Sastre, Remo e outros. Embora desfrutando de ótima situação, não vacilou em aceitar um convite que lhe fêz o Boca Juniors, de Buenos Aires, para jogar na Argentina. Conturbado o futebol platino com a greve dos jogadores profissionais, Iêso teve de "decolar", não lhe sendo necessário, porém, empreender longo vôo, pois o Peñarol, de Montevidéu, pretendia seu concurso. Sua estada no Uruguai durou pouco. Voltou ao Brasil. Era nas vésperas da Copa do Mundo. E' o próprio Iêso quem recorda:

— Lembro-me como se fôsse hoje. Ao regressar do Uruguai para o Brasil fui entrevistado por mais de 50 jornalistas do Rio e de São Paulo. Nenhum deixou de pedir minha opinião sôbre a Copa do Mundo. Era o assunto do momento. Poderia ter mandado gravar um disco, pois a todos respondi quase a mesma

(CONTINUA NA PÁGINA 64)

A POPULARIDADE DE IESO AMALFI, na França, é realmente algo de extraordinário. Tornou-se um autêntico ídolo.

Na França, jogando pelo Racing, era aclamado como "o Deus do Estádio"

Em 1955, com Garrincha ainda em início de carreira, chamado de "O Dono da Bola" pela revista Manchete

No Racing, elegância do estilo retratada em coleção de figurinhas

Em 1954, no auge do sucesso na França

Sports - France-soir Sp

Yeso AMALFI devant les

« 90 minutes de vérité »

du championnat

DIMANCHE, au Parc des Princes, Amalfi fera ses débuts officiels parisiens avec le Racing Club de Paris, contre Marseille.

A la suite de Girondins-Racing, le clan des antiamalfistes a cru bon marquer un point. Sera-t-il mis en déroute dimanche ? Le joueur brésilien est un footballeur qui remue l'opinion, en tout cas, et c'est pourquoi nous avons demandé à quelques personnalités de la capitale, passionnées de football, ce qu'elles pensaient du fameux jongleur sud-américain. Dès dimanche, elles seront départagées.

M. Albert BIGET (ex-pratiquant, directeur de la Police judiciaire) :

« Je suis Amalfiste parce que j'aime le spectacle dans le football, mais le Brésilien me plairait encore plus s'il marquait des buts. »

Lady PATACHOU (vedette de la chanson) :

« J'aime la beauté du geste et l'élégance dans le mouvement. C'est pourquoi j'admire Amalfi. »

Christian GRANDET (champion de tennis) :

« l'individualité marquante doit se fondre dans l'ensemble et ne se distinguer qu'au profit de celui-ci. »

Na sua estreia pelo Racing, manchete nos principais jornais

Sequência de fotos mostrando a técnica de Yeso Amalfi, publicada em revista francesa

Na France Football, *destaque para sua volta à França, depois de jogar no Torino*

Charme e espirituosidade, aliados a seu talento como jogador, encantaram a França

Com Pelé em Santos em 1961, recebendo o artista francês Sacha Distel

Impressão e Acabamento